아침부터 밤까지

영단어

아침부터 밤까지

영단어

초판 1쇄 인쇄　2020년 6월 10일
초판 1쇄 발행　2020년 6월 20일

지 은 이　정희경
펴 낸 이　배태수
펴 낸 곳　신라출판사
등　　록　1975년 5월 23일 제6-0216호
전　　화　(02) 922-4735
팩　　스　(02) 6935-1285
주　　소　서울시 구로구 중앙로 3길 12
북디자인　디자인 디도

ISBN　　978-89-7244-150-2　13740

＊잘못된 책은 구입한 곳에서 바꾸어드립니다.

아침부터 밤까지

영단어

정희경 지음

신라출판사

　　이 책은 하루 일과 속에서 우리가 꼭 필요한 영단어를 외국인들과 자연스럽게 말할 수 있도록, 아침부터 밤까지 하루 동안에 이루어지는 일상생활에 필요한 단어를 찾아볼 수 있도록 엮은 교재다. 삽화를 중심으로 상황을 연상하기 쉽게 정리되어 있으므로 자신의 주변에 있는 것이나 재미있다고 생각나는 것부터 익히면 된다.

　　Part 1 아침편에서는 하루를 시작하며 준비하는 언어들, Part 2 업무편에서는 교통수단 및 직장에서 사용하는 언어들, Part 3 일상생활편에서는 여행, 스포츠, 민원업무 등에 관한 언어들, Part 4 밤편에서는 하루를 정리하는 말들, 약속 모임이 있는 음식점, 호텔에서 사용하는 언어들로 구성하여 그 속에서 일어나는 일과 연결된 영단어들을 즉석에서 표현할 수 있도록 하였다. 또한 그림으로 표현한 후, 영어와 한글로 발음을 함께 표기해 놓았기 때문에 원하는 내용을 누구나 쉽게 찾아볼 수 있도록 하였다.

　　단어만 알고 있다고 어떤 것이나 의미가 통한다는 뜻은 아니지만 영어란 단어와 단어의 연결이므로 필요한 단어를 모르면 어찌할 도리가 없다. 학창시절부터 영어공부를 해왔지만 대부분의 사람들은 의외로 일상생활에 관한 단어를 모르는 경우가 많다. 지금 여러분 주위에 있는 일상 생활용품 등을 영어로 말할 수 있는지 확인해 보기 바란다. 일상적인 단어는 당연히 기본적인 것이기에 취급되지 않았거나 취급되었다 해도 막상 잊어버리기 쉽다.

아무쪼록 이 책을 통해서 외국인과의 일상대화에 조금이나마 보탬이 되기를 바란다.

지은이

PART 1.

아침

(Morning)

chapter **1**

가정(Home)

① 침실(Bedroom)

☐ **lamp** [læmp]
램프 n. 조명등

☐ **table lamp**
[téib-əl læmp]
테이블램프 n. 전기스탠드

☐ **lamp shade** [læmp ʃeid]
램프셰이드 n. 전등갓

☐ **alarm clock**
[əlá:rm klɑk]
얼람클럭 n. 알람시계

☐ **bed** [bed] 베드 n. 침대

☐ **single bed** [síŋg-əl bed]
싱글베드 n. 1인용 침대

☐ **double bed** [dʌ́bəl bed]
더블베드 n. 2인용 침대

☐ **bunk bed** [bʌŋk bed]
벙크베드 n. 2층 침대

☐ **night stand** [nait stænd]
나이트스탠드 n. 침대옆 탁자

10

□ **blanket** [blǽŋkit]
블랭킷 n. 담요

□ **electric blanket**
[iléktric blǽŋkit]
일렉트릭블랭킷 n. 전기담요

□ **comforter** [kʌ́mfərtər]
컴퍼터 n. (두꺼운) 이불

□ **night gown** [nait gaun]
나이트가운 n. 나이트 가운 (잠옷)

□ **pajamas** [pədʒɑ́:məz]
퍼자머즈 n. 파자마(잠옷)

□ **pillow** [pílou]
필로우 n. 베개

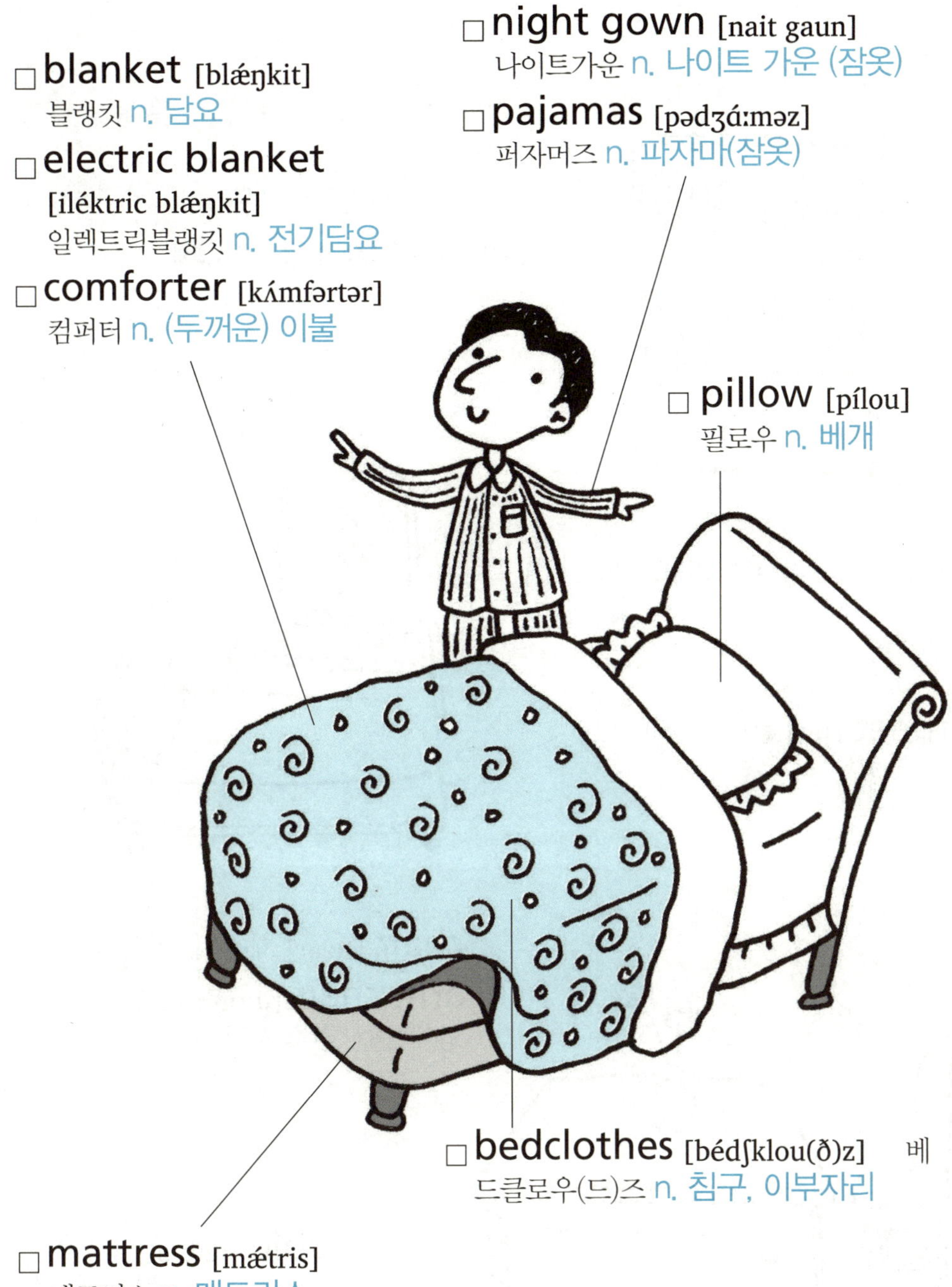

□ **bedclothes** [bédʃklou(ð)z] 베
드클로우(드)즈 n. 침구, 이부자리

□ **mattress** [mǽtris]
매트리스 n. 매트리스

② 거실 및 집안 가구(Living room & Furniture)

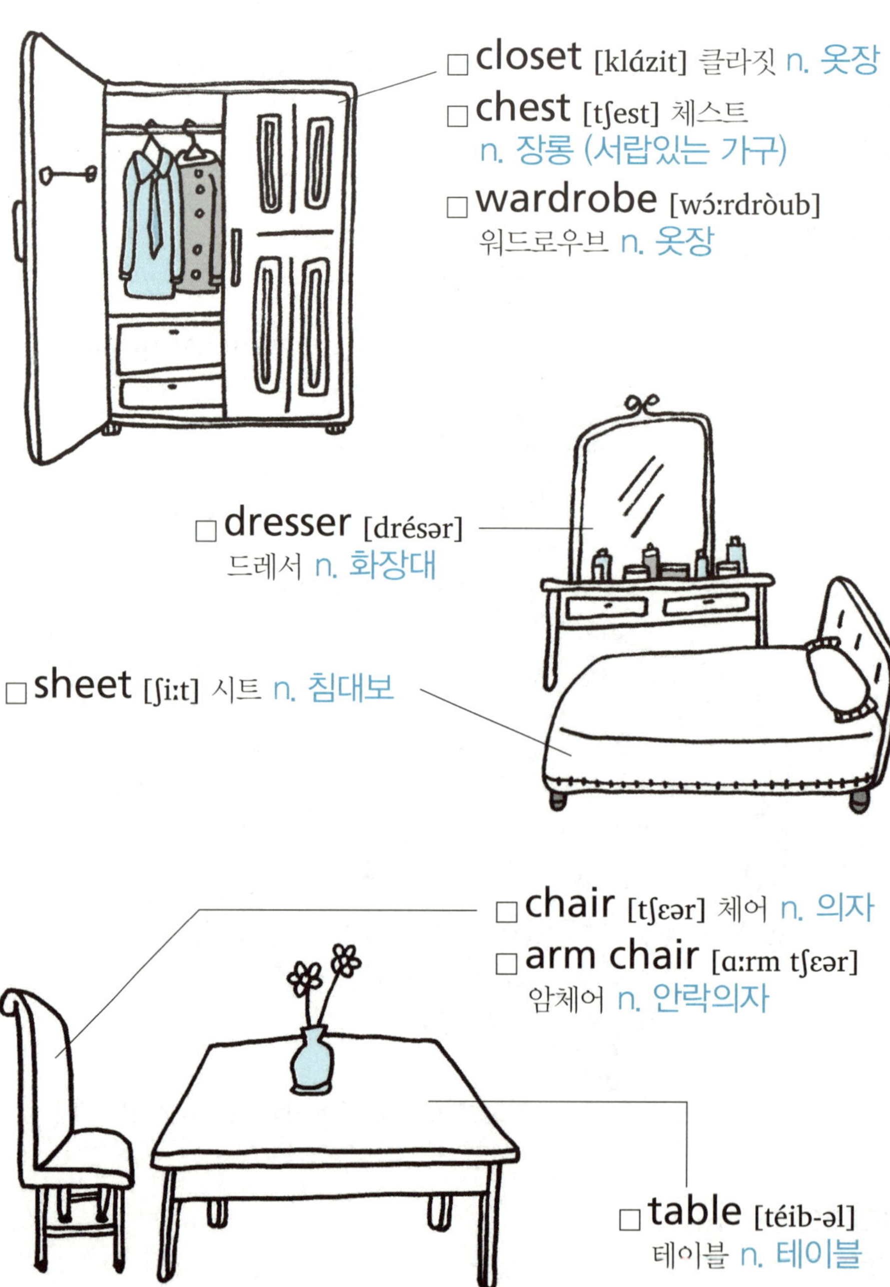

□ **closet** [klǽzit] 클라짓 n. 옷장
□ **chest** [tʃest] 체스트
　　n. 장롱 (서랍있는 가구)
□ **wardrobe** [wɔ́:rdròub]
　워드로우브 n. 옷장

□ **dresser** [drésər]
　드레서 n. 화장대

□ **sheet** [ʃi:t] 시트 n. 침대보

□ **chair** [tʃɛər] 체어 n. 의자
□ **arm chair** [ɑ:rm tʃɛər]
　암체어 n. 안락의자

□ **table** [téib-əl]
　테이블 n. 테이블

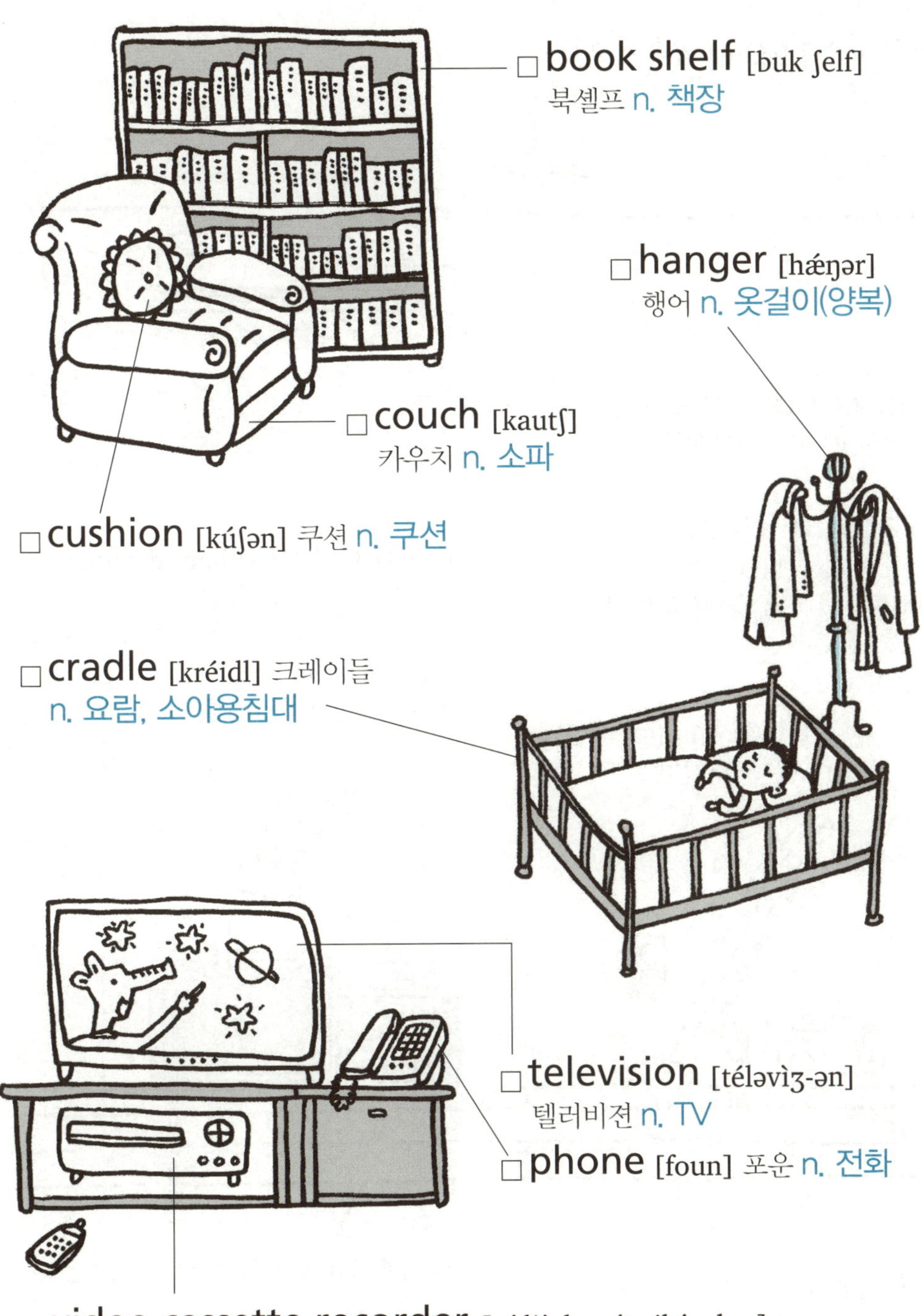
book shelf [buk ʃelf]
북셸프 n. 책장
hanger [hǽŋər]
행어 n. 옷걸이(양복)
couch [kautʃ]
카우치 n. 소파
cushion [kúʃən] 쿠션 n. 쿠션
cradle [kréidl] 크레이들
n. 요람, 소아용침대
television [téləvìʒ-ən]
텔러비젼 n. TV
phone [foun] 포운 n. 전화
video cassette recorder [vídiò kæsét rikɔ́:rdə:r]
비디오캐셋리코더 n. 비디오

□ **ceiling** [síːliŋ] 씰링 n. 천장

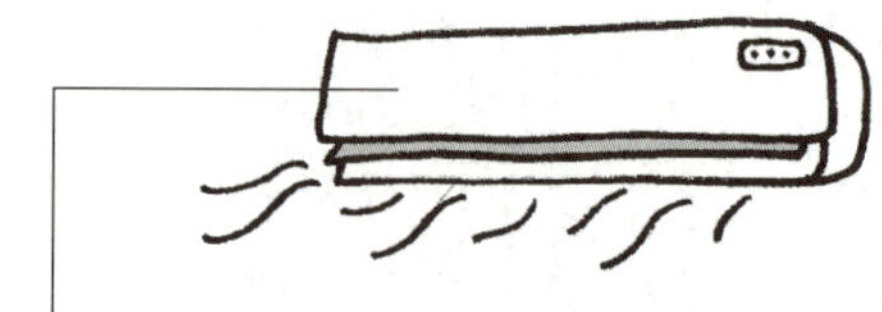

□ **air conditioner** [ɛər kəndíʃənər]
에어컨디셔너 n. 에어콘

□ **vacuum cleaner**
[vǽkjuəm klíːnər]
배큠클리너 n. 진공청소기

□ **humidifier** [hjuːmídəfàiər]
휴미더파이어 n. 가습기

□ **radio** [réidiòu]
레이디오우 n. 라디오

□ **outlet** [áutlet] 아웃레트
n. (전기)콘센트

□ **floor** [flɔːr] 플로
n. 거실마루

□ **remote control**
[rimóut kəntróul]
리모우트컨트로울 n. 리모콘

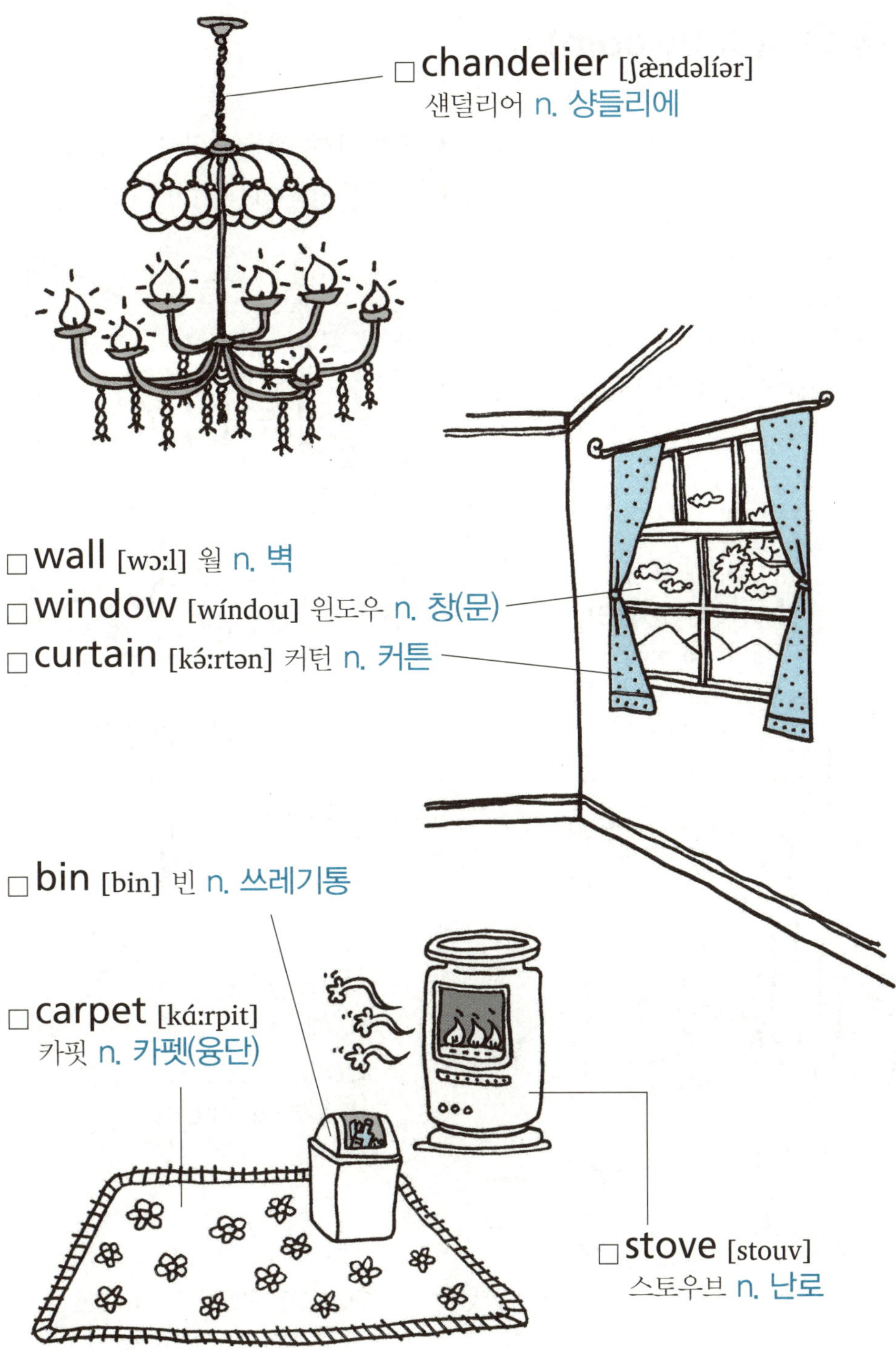

□ chandelier [ʃændəlíər]
샌덜리어 n. 샹들리에
□ wall [wɔːl] 월 n. 벽
□ window [wíndou] 윈도우 n. 창(문)
□ curtain [kə́ːrtən] 커턴 n. 커튼
□ bin [bin] 빈 n. 쓰레기통
□ carpet [ká:rpit]
카핏 n. 카펫(융단)
□ stove [stouv]
스토우브 n. 난로

③ 욕실(Bathroom)

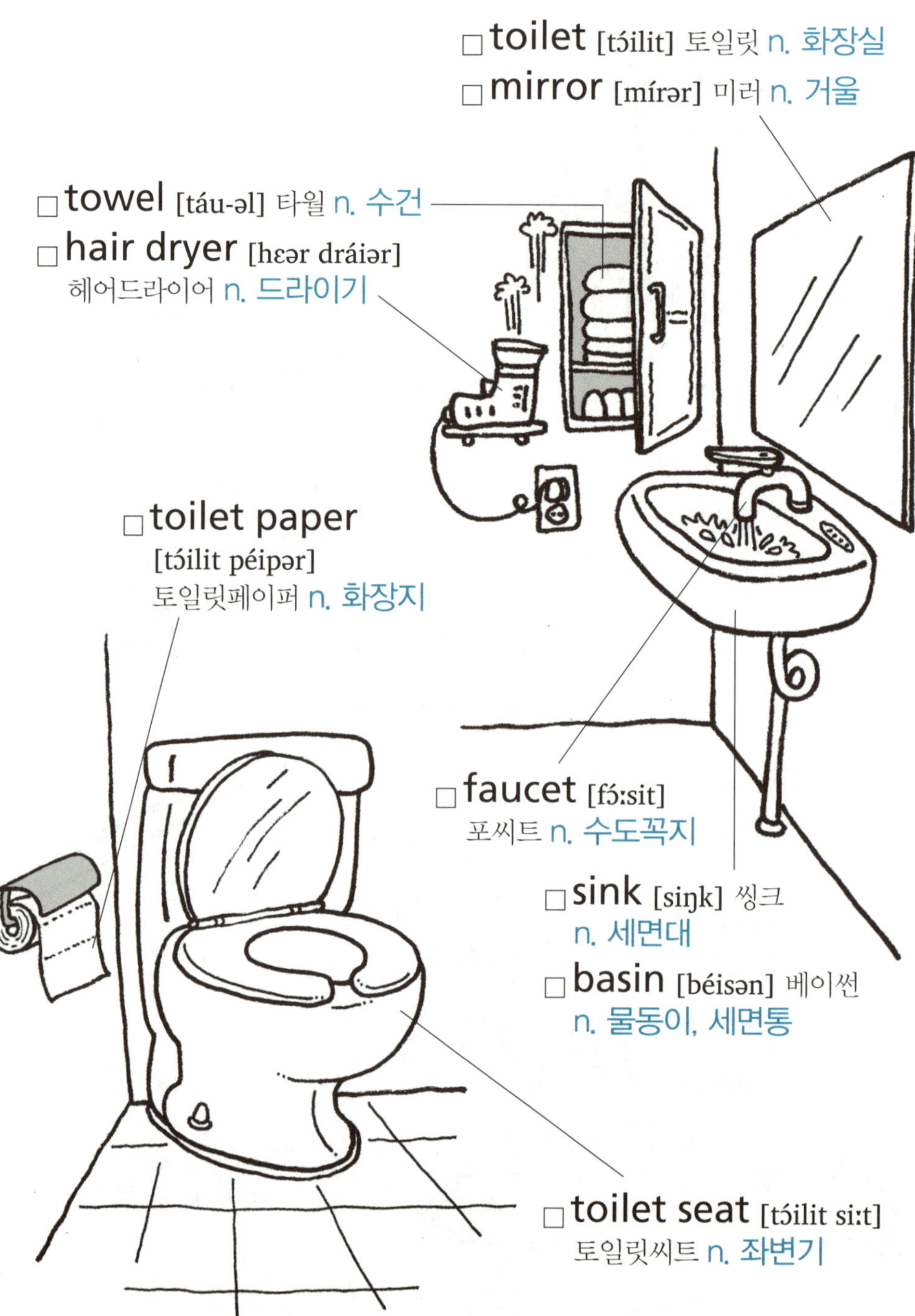

□ **shower** [ʃáuə:r] 샤워 n. 샤워기
□ **shower head** [ʃáuə:r hed]
샤워헤드 n. 샤워기 머리

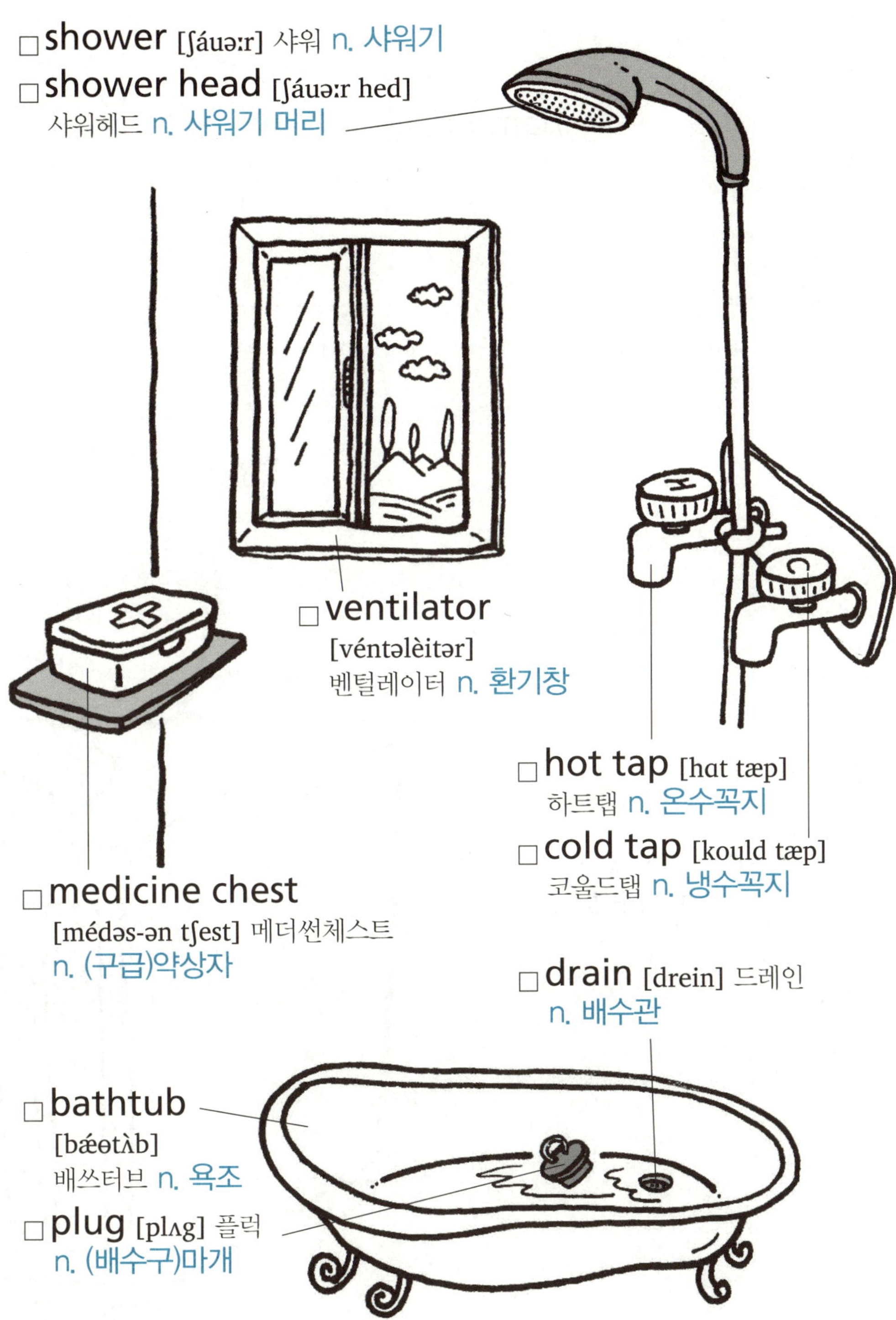

□ **ventilator**
[véntəlèitər]
벤털레이터 n. 환기창

□ **medicine chest**
[médəs-ən tʃest] 메더썬체스트
n. (구급)약상자

□ **hot tap** [hɑt tæp]
하트탭 n. 온수꼭지
□ **cold tap** [kould tæp]
코울드탭 n. 냉수꼭지

□ **drain** [drein] 드레인
n. 배수관

□ **bathtub**
[bǽθtʌb]
배쓰터브 n. 욕조

□ **plug** [plʌg] 플럭
n. (배수구)마개

□ **shampoo** [ʃæmpúː] 샘푸 n. 샴푸

□ **soap** [soup] 쏘웁 n. 비누
□ **towel rack** [táu-əl ræk] 타월랙 n. 수건걸이

□ **soap dish** [soup diʃ]
쏘웁디시 n. 비누통

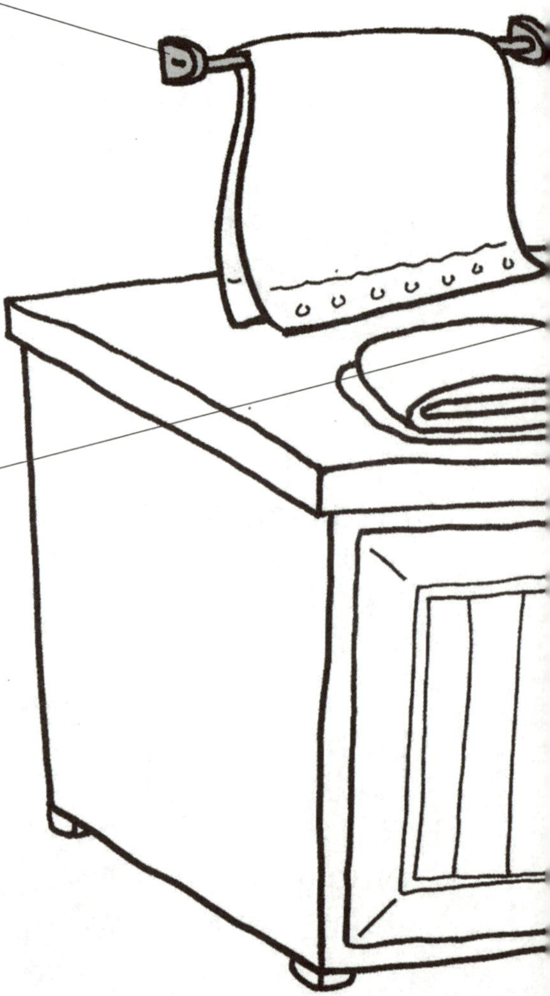

□ **tooth brush** [tuːθ brʌʃ] 투스브러시 n. 칫솔

□ **tooth paste** [tuːθ peist] 투스페이스트 n. 치약

□ **tooth brush holder**
[tuːθ brʌʃ hóuldər] 투쓰브러시호울더 n. 칫솔통

4 생활 필수품(Nesessaries of Life)

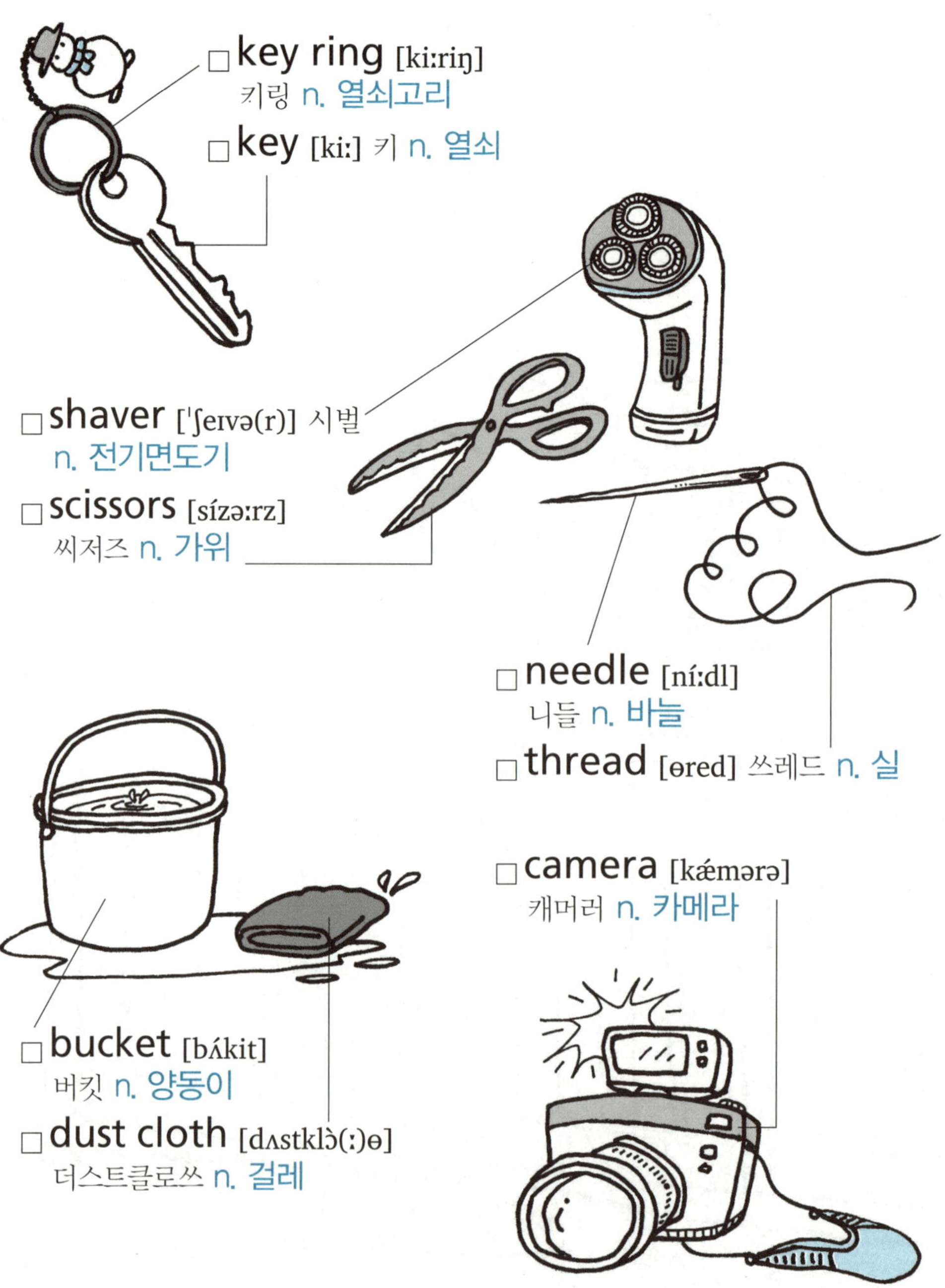

□ **key ring** [kiːriŋ]
키링 n. 열쇠고리
□ **key** [kiː] 키 n. 열쇠

□ **shaver** [ˈʃeɪvə(r)] 시벌
n. 전기면도기
□ **scissors** [síːzərz]
씨저즈 n. 가위

□ **needle** [níːdl]
니들 n. 바늘
□ **thread** [θred] 쓰레드 n. 실

□ **camera** [kǽmərə]
캐머러 n. 카메라

□ **bucket** [bʌ́kit]
버킷 n. 양동이
□ **dust cloth** [dʌstklɔ̀(ː)θ]
더스트클로쓰 n. 걸레

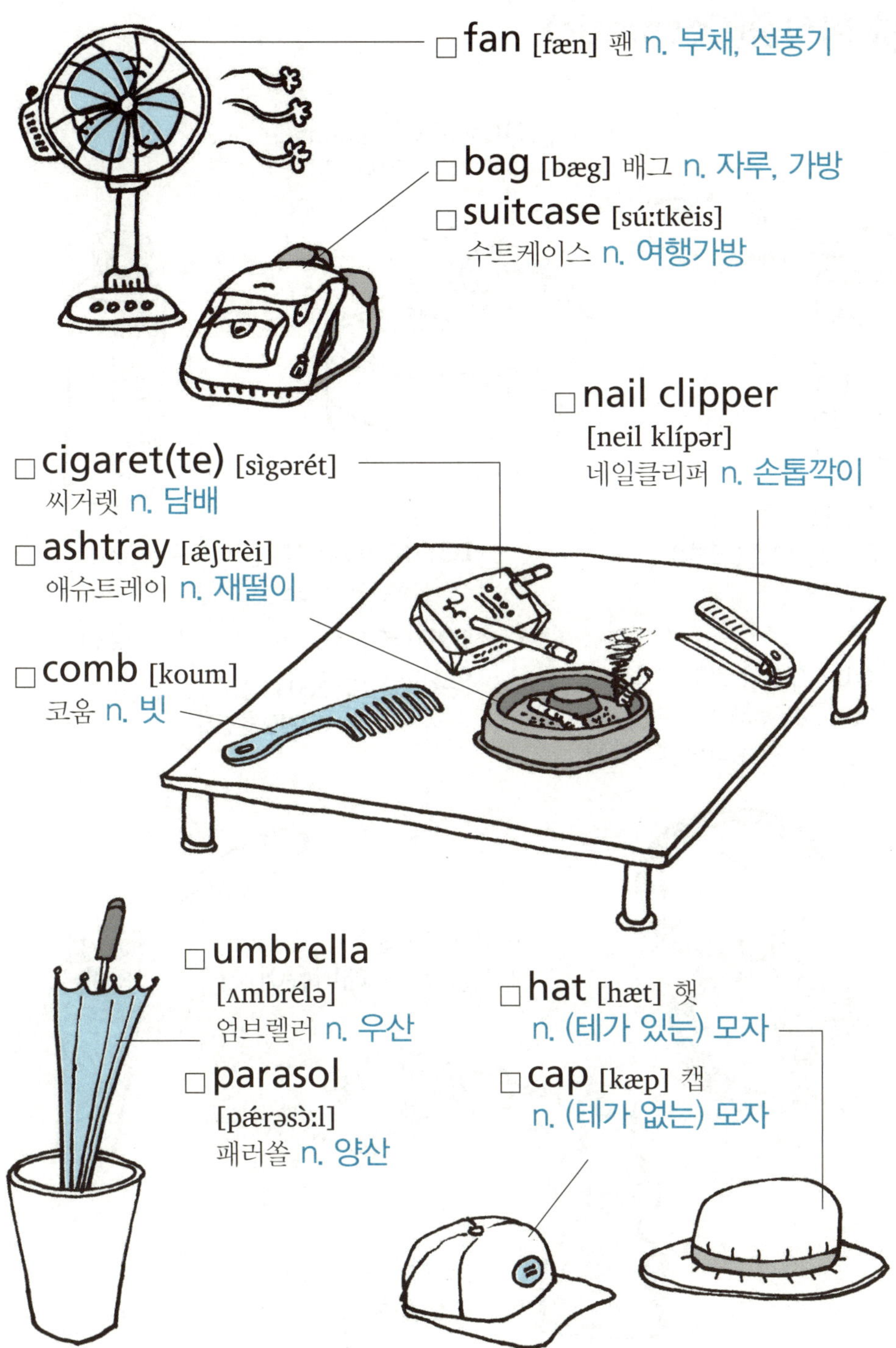

□ **fan** [fæn] 팬 n. 부채, 선풍기

□ **bag** [bæg] 배그 n. 자루, 가방
□ **suitcase** [súːtkèis]
수트케이스 n. 여행가방

□ **nail clipper**
[neil klípər]
네일클리퍼 n. 손톱깍이

□ **cigaret(te)** [sìgərét]
씨거렛 n. 담배
□ **ashtray** [ǽʃtrèi]
애슈트레이 n. 재떨이

□ **comb** [koum]
코움 n. 빗

□ **umbrella**
[ʌmbrélə]
엄브렐러 n. 우산
□ **parasol**
[pǽrəsɔ̀ːl]
패러쏠 n. 양산

□ **hat** [hæt] 햇
n. (테가 있는) 모자

□ **cap** [kæp] 캡
n. (테가 없는) 모자

⑤ 화장품(Cosmetic)

□ **mascara** [mæskǽrə]
매쓰캐러 n. 마스카라

□ **false eyelash** [fɔːls aílæʃ]
폴쓰아이래시 n. 인조속눈썹

□ **hair spray** [hɛər sprei]
헤어스프레이 n. 헤어스프레이

□ **blusher** [blʌʃəːr]
블러셔 n. 볼연지

□ **make-up** [méikʌp]
메이컵 n. 화장, 화장품

□ **lipstick** [lípstìk]
립스틱 n. 입술연지

⑥ 부엌(Kitchen)

□ **dining room** [dáiniŋ rum]
다이닝룸 n. 식당

□ **tray** [trei] 트레이 n. 쟁반
□ **apron** [éiprən] 에이프런 n. 앞치마
□ **fork** [fɔːrk] 포크 n. 포크
□ **spoon** [spuːn]
스푼 n. 숟가락

□ **table cloth** [téib-əl klɔ(ː)θ]
테이블클로쓰 n. 식탁보

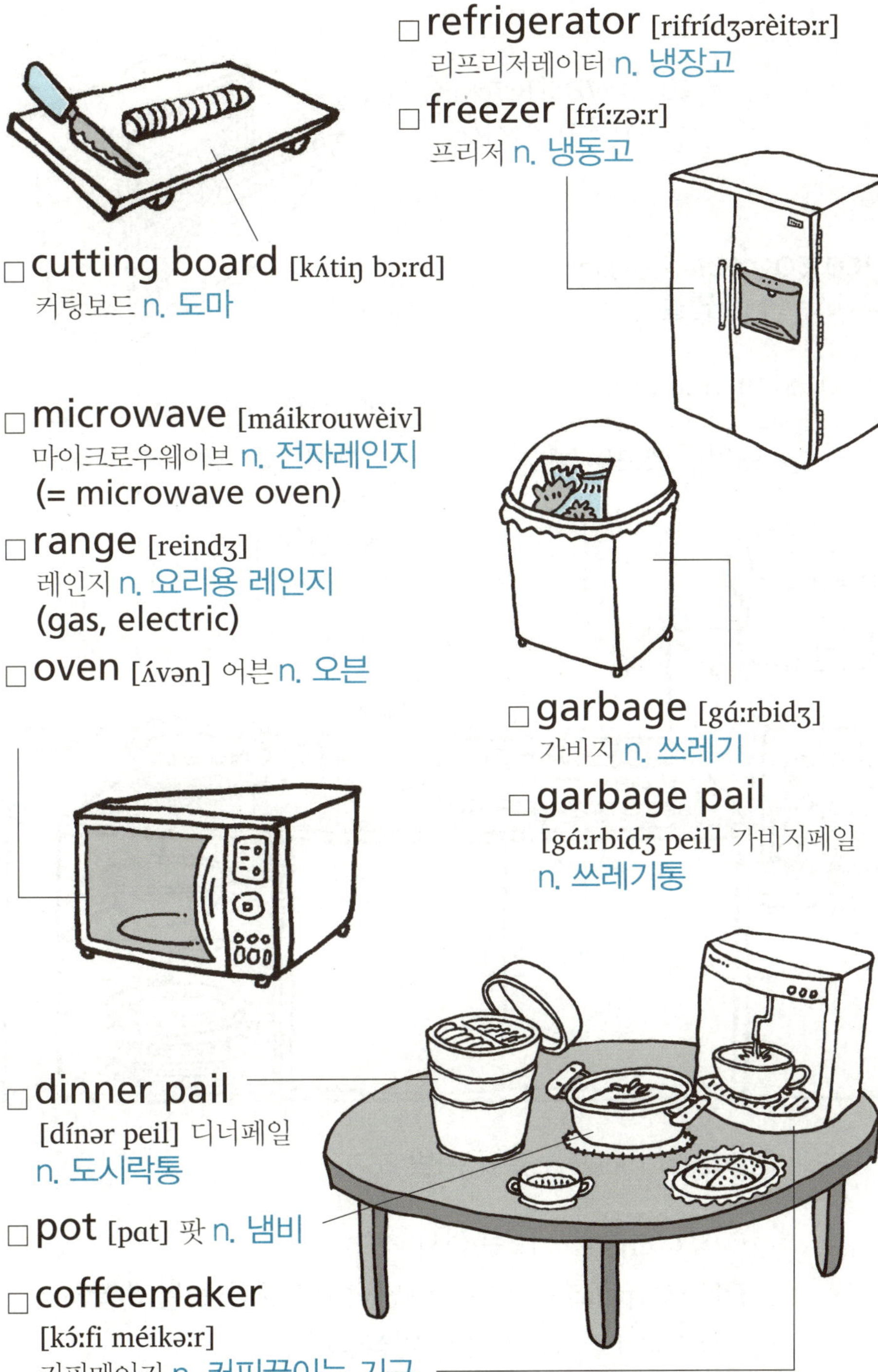

□ **refrigerator** [rifrídʒərèitəːr]
리프리저레이터 n. 냉장고

□ **freezer** [fríːzəːr]
프리저 n. 냉동고

□ **cutting board** [kʌ́tiŋ bɔːrd]
커팅보드 n. 도마

□ **microwave** [máikrouwèiv]
마이크로우웨이브 n. 전자레인지
(= microwave oven)

□ **range** [reindʒ]
레인지 n. 요리용 레인지
(gas, electric)

□ **oven** [ʌ́vən] 어븐 n. 오븐

□ **garbage** [gáːrbidʒ]
가비지 n. 쓰레기

□ **garbage pail**
[gáːrbidʒ peil] 가비지페일
n. 쓰레기통

□ **dinner pail**
[dínər peil] 디너페일
n. 도시락통

□ **pot** [pɑt] 팟 n. 냄비

□ **coffeemaker**
[kɔ́ːfi méikəːr]
커피메이커 n. 커피끓이는 기구

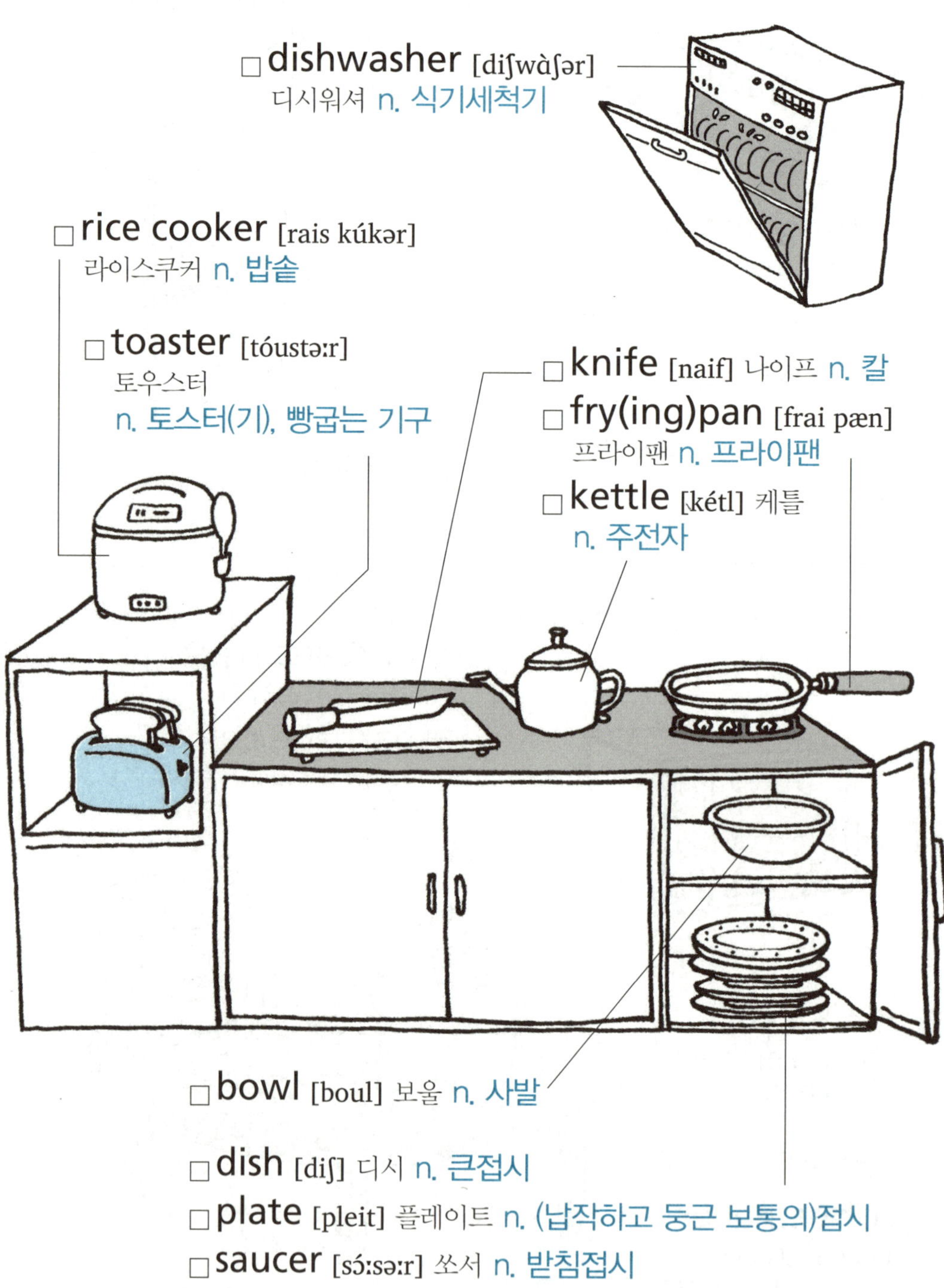

□ dishwasher [diʃwàʃər]
디시워셔 n. 식기세척기
□ rice cooker [rais kúkər]
라이스쿠커 n. 밥솥
□ toaster [tóustə:r]
토우스터
n. 토스터(기), 빵굽는 기구
□ knife [naif] 나이프 n. 칼
□ fry(ing)pan [frai pæn]
프라이팬 n. 프라이팬
□ kettle [kétl] 케틀
n. 주전자
□ bowl [boul] 보울 n. 사발
□ dish [diʃ] 디시 n. 큰접시
□ plate [pleit] 플레이트 n. (납작하고 둥근 보통의)접시
□ saucer [sɔ́:sə:r] 쏘서 n. 받침접시

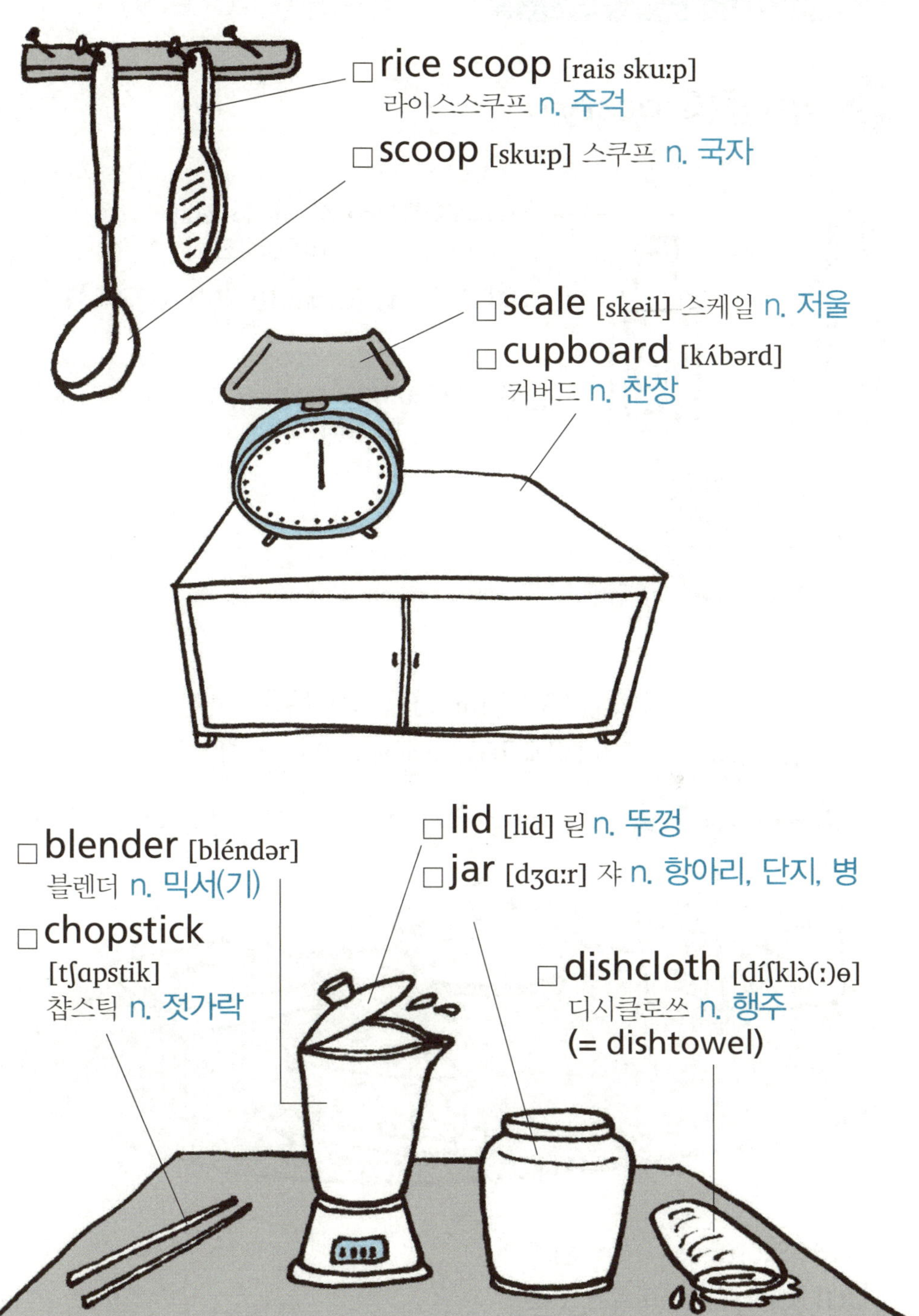

□ rice scoop [rais skuːp]
라이스스쿠프 n. 주걱
□ scoop [skuːp] 스쿠프 n. 국자
□ scale [skeil] 스케일 n. 저울
□ cupboard [kʌ́bərd]
커버드 n. 찬장
□ blender [bléndər]
블렌더 n. 믹서(기)
□ chopstick
[tʃɑpstik]
챱스틱 n. 젓가락
□ lid [lid] 릳 n. 뚜껑
□ jar [dʒɑːr] 쟈 n. 항아리, 단지, 병
□ dishcloth [díʃklɔ̀(ː)θ]
디시클로쓰 n. 행주
(= dishtowel)

식료품(Grocery)

1 식료품(Grocery)

☐ **mayonnaise** [mèiənéiʐ] 메이어네이즈 n. 마요네즈
☐ **dressing** [drésiŋ] 드레싱 n. 드레싱

☐ **margarine** [máːrdʒ-ərin] 마저린 n. 마가린

☐ **milk** [milk] 밀크 n. 우유
☐ **cream** [kriːm] 크림 n. 크림

☐ **cheese** [tʃiːz] 치즈 n. 치즈
☐ **butter** [bʌ́tər] 버터 n. 버터

□ **ingredient** [ingrí:diənt]
인그리디언트 n. 재료, 성분

□ **sugar** [ʃúgər] 슈거 n. 설탕
□ **sugar cube** [ʃúgər kju:b]
슈거큐브 n. 각설탕

□ **salt** [sɔːlt] 쏠트
n. 소금

□ **pepper** [pépər]
페퍼 n. 후추

□ **red pepper** [red pépər]
레드페러 n. 빨간 고추
(= hot pepper)
□ **shredded redpepper**
[ʃrédid redpépər]
슈레딛레드페퍼 n. 실고추

□ **ketchup** [kétʃəp] 케첩 n. 케첩
□ **seasoning** [síːz-əniŋ]
씨저닝 n. 조미료

□ **spice** [spais] 스파이스 n. 양념

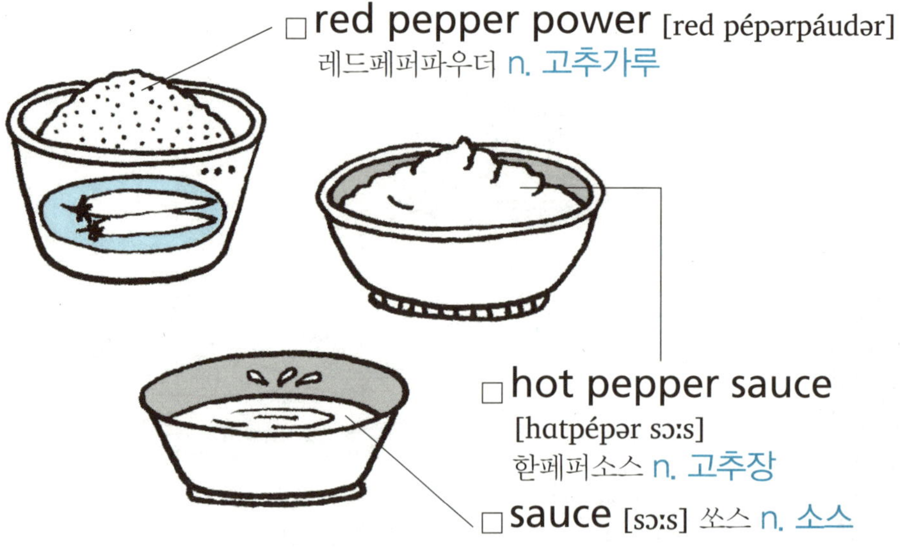

□ **red pepper power** [red pépərpáudər]
레드페퍼파우더 n. 고추가루

□ **hot pepper sauce**
[hɑtpépər sɔːs]
한페퍼소스 n. 고추장

□ **sauce** [sɔːs] 쏘스 n. 소스

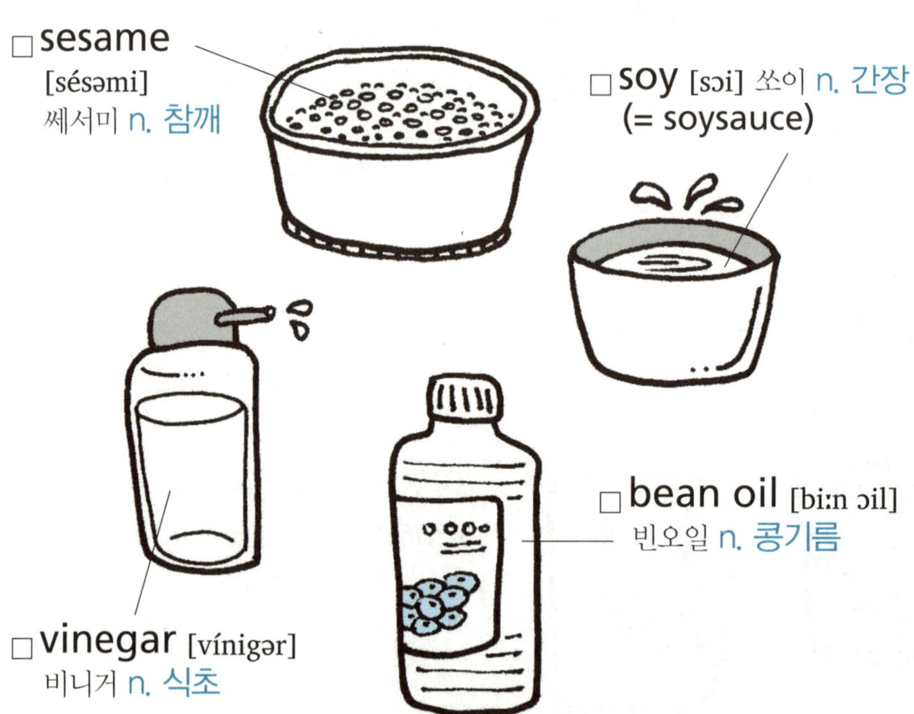

□ **sesame**
[sésəmi]
쎄서미 n. 참깨

□ **soy** [sɔi] 쏘이 n. 간장
(= soysauce)

□ **bean oil** [biːn ɔil]
빈오일 n. 콩기름

□ **vinegar** [vínigər]
비니거 n. 식초

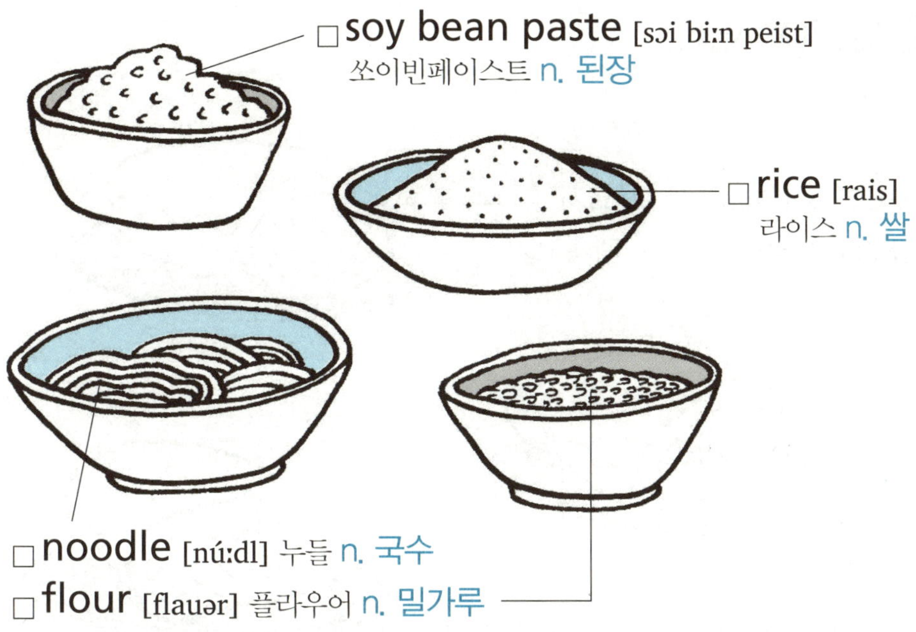

□ cookie [kúki] 쿠키 n. 쿠키
□ biscuit [bískit] 비스킽 n. 비스킷(영국)
□ cracker [krǽkər] 크래커 n. 얇고 바삭한 비스킷(미국)

② 고기(Meat)

□ **beef** [biːf] 비프 n. 쇠고기
□ **pork** [pɔːrk] 포크 n. 돼지고기

□ **mutton** [mʌ́tn] 머튼 n. 양고기
□ **lamb** [læm] 램 n. 새끼양고기

□ **horsemeat** [hɔːrśmìːt] 호스미트 n. 말고기
□ **ham** [hæm] 햄 n. 햄

□ **sausage** [sɔ́:sidʒ]
쏘시지 n. 쏘시지

□ **bacon** [béikən]
베이컨 n. 베이컨

□ **turkey** [tə́:rki]
터키 n. 칠면조(고기)

□ **chicken** [tʃíkin]
치킨 n. 닭고기

③ 야채(Vegetable)

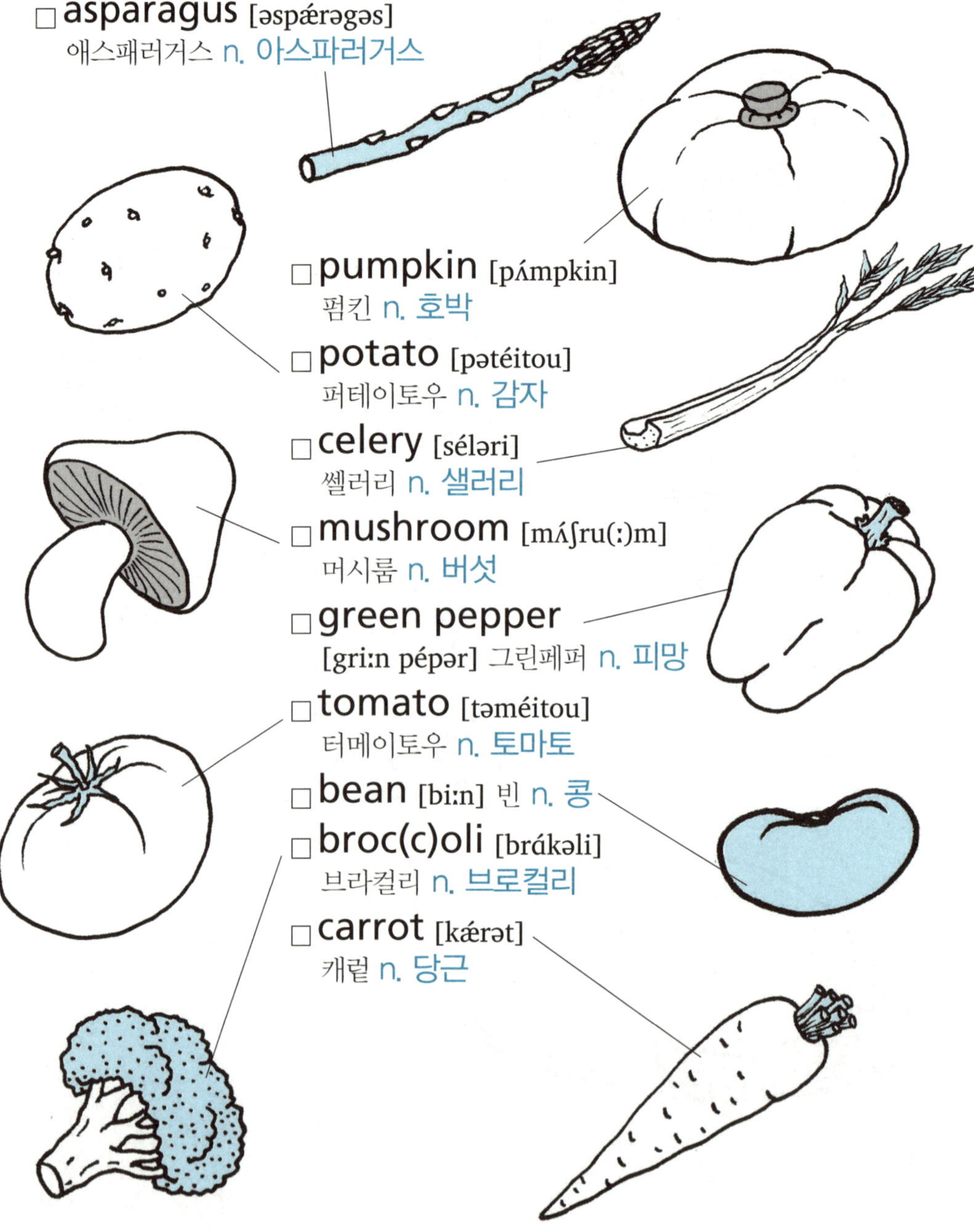

☐ **asparagus** [əspǽrəgəs]
애스패러거스 n. 아스파라거스

☐ **pumpkin** [pʌ́mpkin]
펌킨 n. 호박

☐ **potato** [pətéitou]
퍼테이토우 n. 감자

☐ **celery** [séləri]
쎌러리 n. 샐러리

☐ **mushroom** [mʌ́ʃru(:)m]
머시룸 n. 버섯

☐ **green pepper**
[gri:n pépər] 그린페퍼 n. 피망

☐ **tomato** [təméitou]
터메이토우 n. 토마토

☐ **bean** [bi:n] 빈 n. 콩

☐ **broc(c)oli** [brákəli]
브라컬리 n. 브로컬리

☐ **carrot** [kǽrət]
캐럳 n. 당근

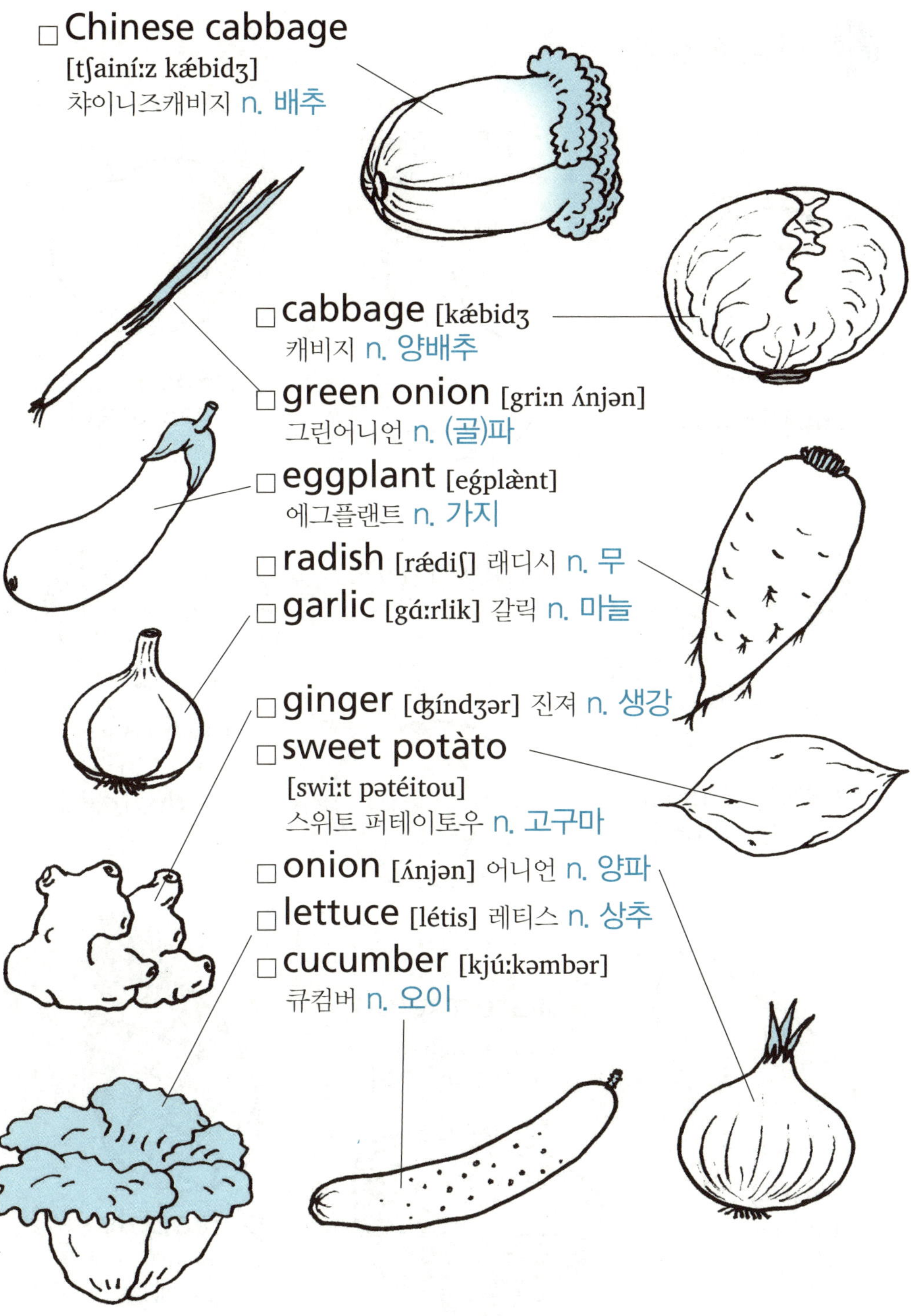

□ **Chinese cabbage**
[tʃainíːz kǽbidʒ]
챠이니즈캐비지 n. 배추

□ **cabbage** [kǽbidʒ]
캐비지 n. 양배추

□ **green onion** [griːn ʌ́njən]
그린어니언 n. (골)파

□ **eggplant** [eǵplænt]
에그플랜트 n. 가지

□ **radish** [rǽdiʃ] 래디시 n. 무

□ **garlic** [gáːrlik] 갈릭 n. 마늘

□ **ginger** [dʒíndʒər] 진져 n. 생강

□ **sweet potàto**
[swiːt pətéitou]
스위트 퍼테이토우 n. 고구마

□ **onion** [ʌ́njən] 어니언 n. 양파

□ **lettuce** [létis] 레티스 n. 상추

□ **cucumber** [kjúːkəmbər]
큐컴버 n. 오이

4 과일(Fruit)

□ **apple** [ǽpl]
애플 n. 사과

□ **pear** [pɛər]
페어 n. 배

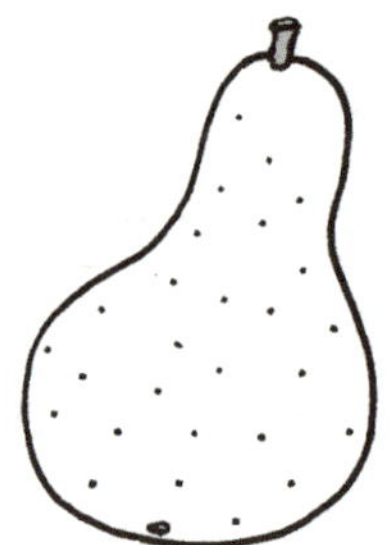

□ **banana** [bənǽnə]
버내너 n. 바나나

□ **peach** [piːtʃ]
피치 n. 복숭아

□ **plum** [plʌm]
플럼 n. 자두

□ **kiwi** [kíːwi]
키위 n. 키위
(= kiwifruit)

□ **mango**
[mǽŋgou]
맹고우 n. 망고

□ **watermelon**
[wɔ́ːtəːrmèlən]
워터멜런 n. 수박

□ **pineapple**
[páinǽpl] 파인애플
n. 파인애플

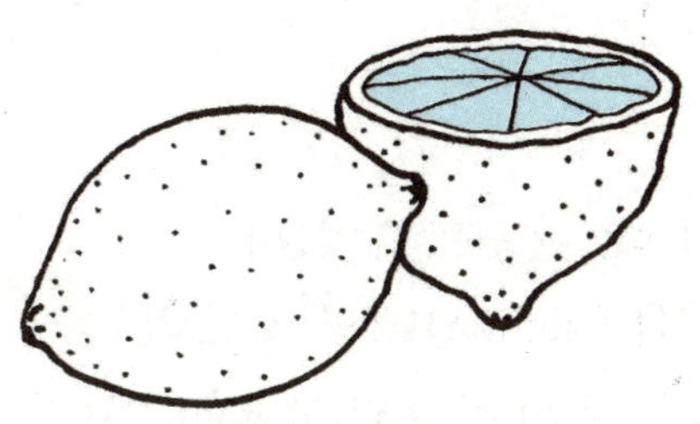

□ **lemon** [lémən]
레먼 n. 레몬

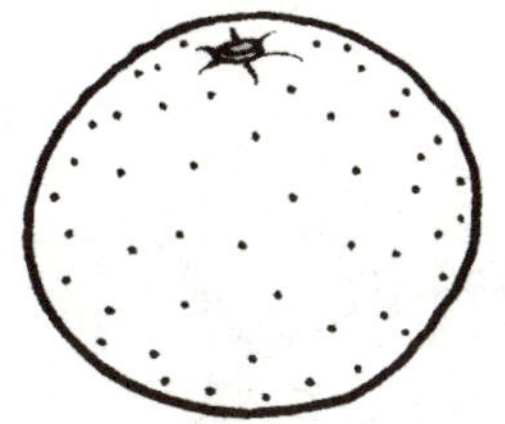

□ **orange** [ɔ́(ː)rindʒ]
오린지 n. 오렌지

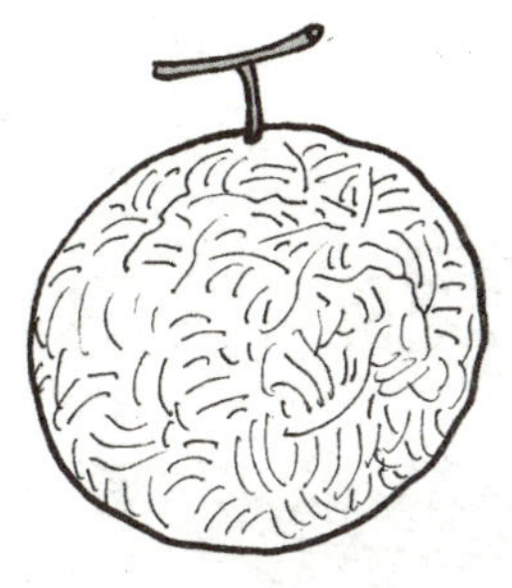

□ **cherry** [tʃéri]
체리 n. 버찌, 체리

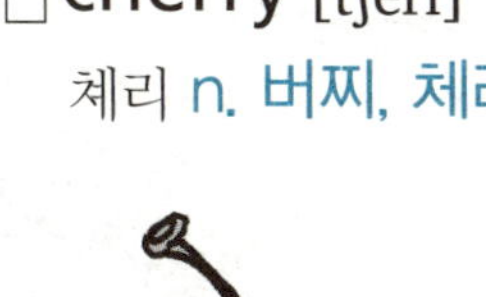

□ **muskmelon**
[mʌ́skmèlən] 머스크멜런
n. 머스크메론

□ **persimmon**
[pəːrsímən]
퍼씨먼 n. 감(나무)

□ **tangerine**
[tǽndʒ-əríːn]
탠저린 n. 귤

□ **grape** [greip]
그레이프 n. 포도

□ **strawberry**
[strɔ́ːbèri]
스트로베리 n. 딸기

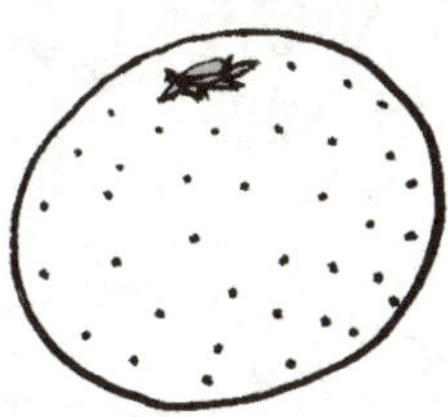

⑤ 어패류(Fish & Shellfish)

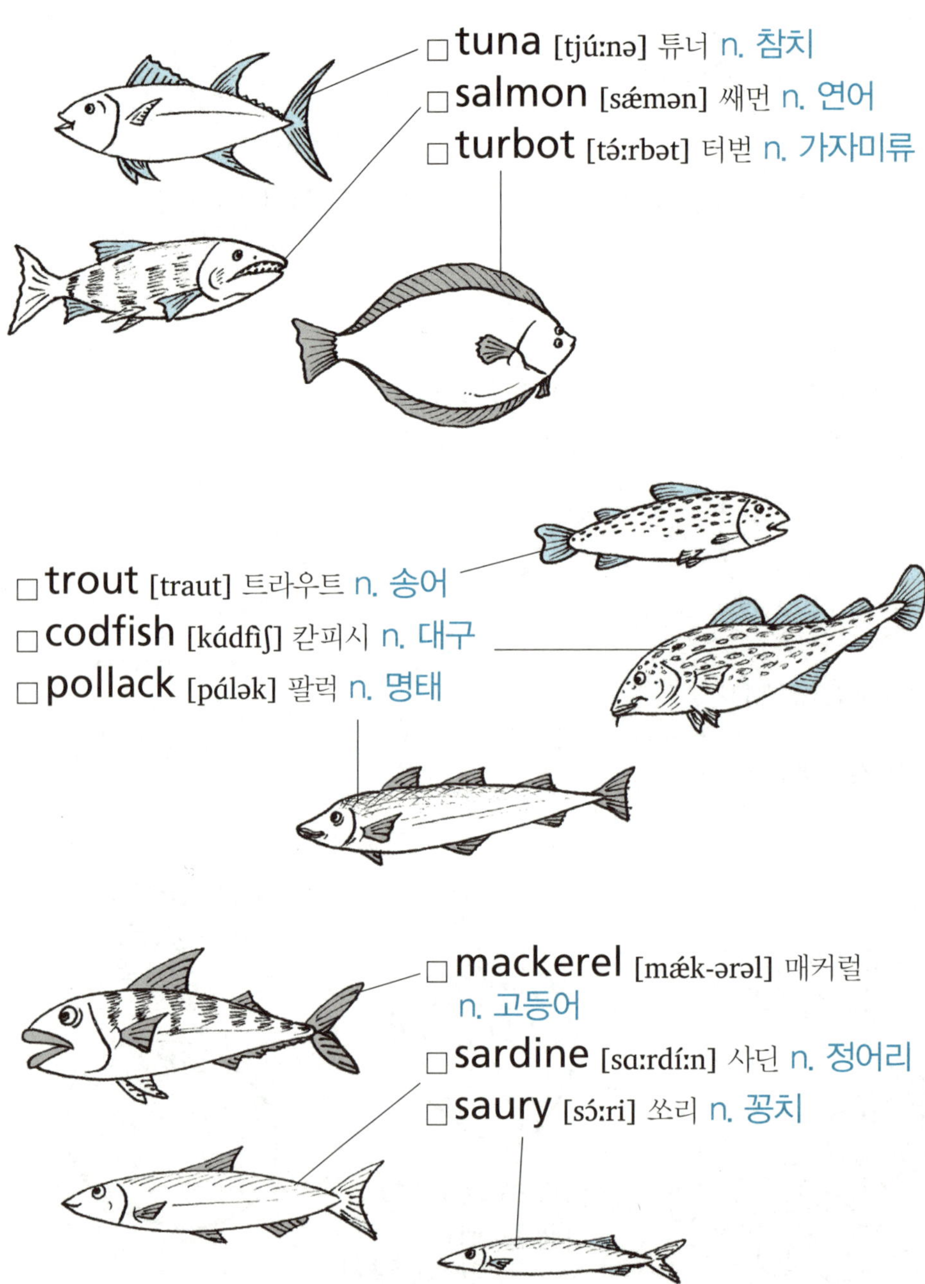

☐ **tuna** [tjú:nə] 튜너 n. 참치
☐ **salmon** [sǽmən] 쌔먼 n. 연어
☐ **turbot** [tə́:rbət] 터벋 n. 가자미류

☐ **trout** [traut] 트라우트 n. 송어
☐ **codfish** [kádfiʃ] 칻피시 n. 대구
☐ **pollack** [pálək] 팔럭 n. 명태

☐ **mackerel** [mǽk-ərəl] 매커럴
　　n. 고등어
☐ **sardine** [sɑ:rdí:n] 사딘 n. 정어리
☐ **saury** [sɔ́:ri] 쏘리 n. 꽁치

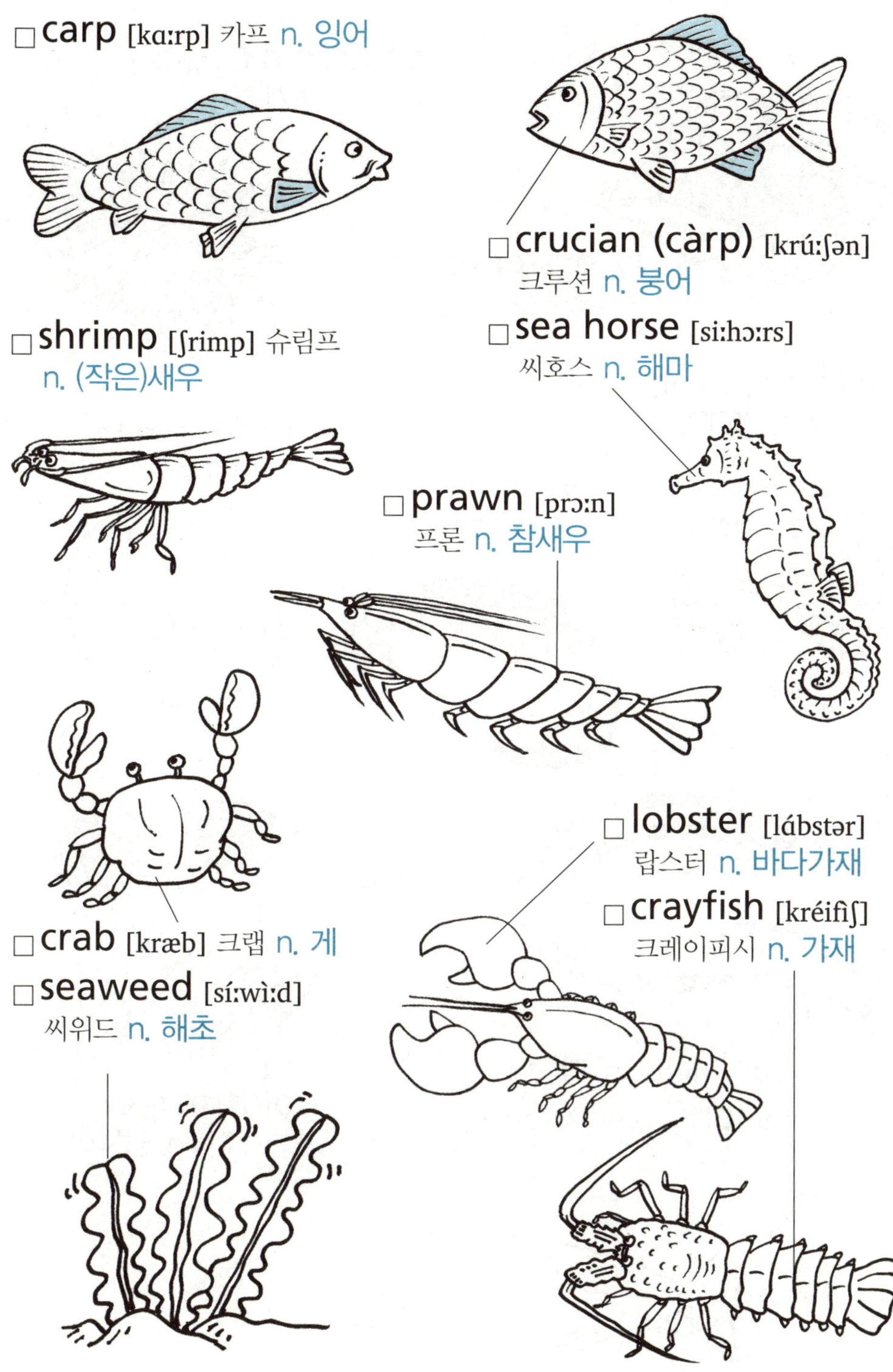

□ **carp** [kɑːrp] 카프 n. 잉어

□ **crucian (càrp)** [krúːʃən] 크루션 n. 붕어

□ **sea horse** [siːhɔːrs] 씨호스 n. 해마

□ **shrimp** [ʃrimp] 슈림프 n. (작은)새우

□ **prawn** [prɔːn] 프론 n. 참새우

□ **crab** [kræb] 크랩 n. 게

□ **lobster** [lábstər] 랍스터 n. 바다가재

□ **crayfish** [kréifiʃ] 크레이피시 n. 가재

□ **seaweed** [síːwìːd] 씨위드 n. 해초

□ sea urchin [si:ə́:rtʃin]
씨어친 n. 성게
□ oyster [ɔ́istər]
오이스터 n. 굴
□ scallop [skáləp]
스칼럽 n. 가리비
□ clam [klæm] 클램
n. 대합조개
□ mussel [mʌ́s-əl]
머설 n. 홍합
□ eel [i:l] 일 n. 뱀장어
□ shark [ʃɑ:rk] 샤크 n. 상어
□ goldfish [gouldfiʃ]
고울드피시 n. 금붕어

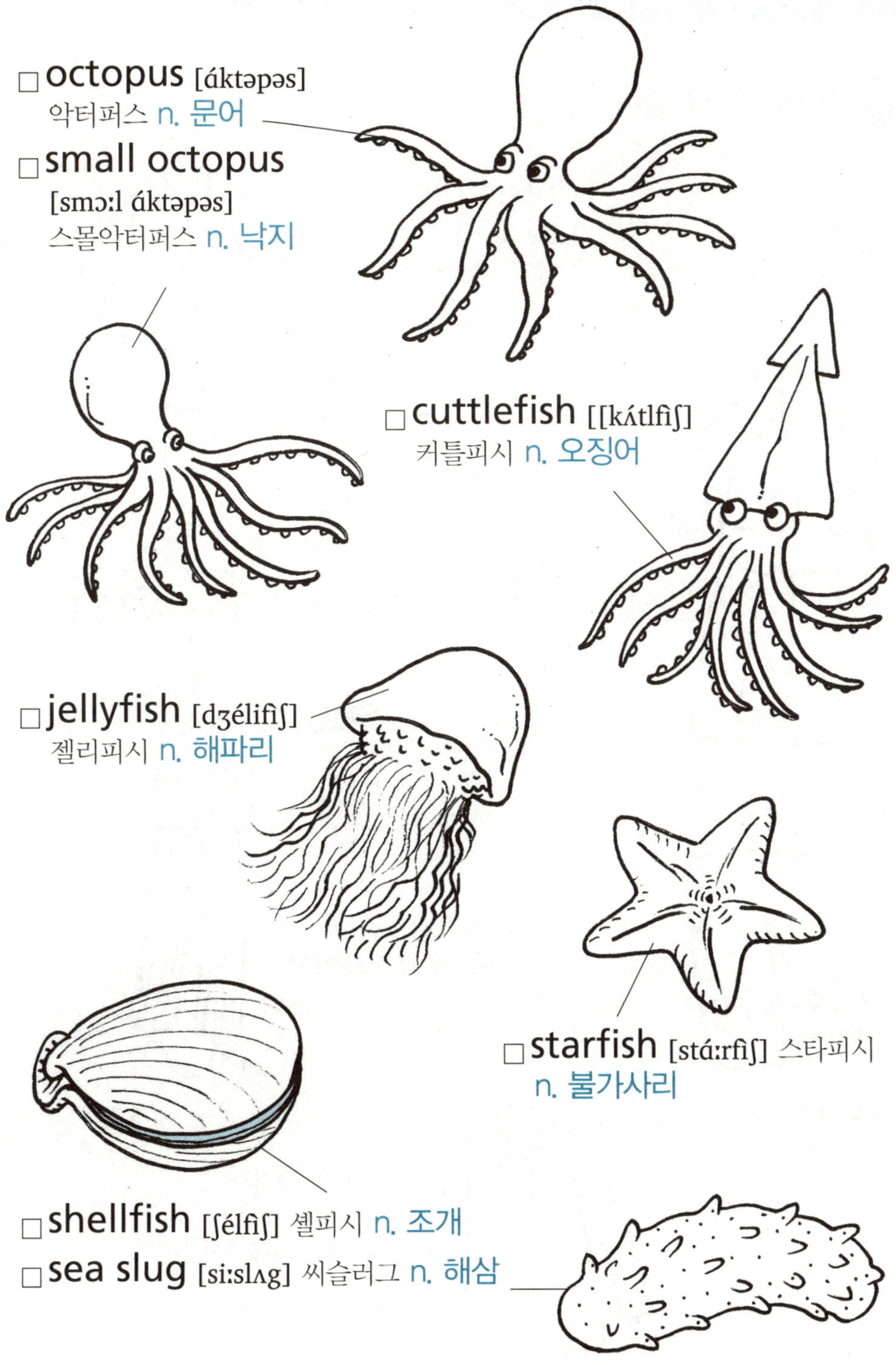

□ **octopus** [άktəpəs]
악터퍼스 n. 문어
□ **small octopus**
[smɔ:l άktəpəs]
스몰악터퍼스 n. 낙지

□ **cuttlefish** [[kΛtlfiʃ]
커틀피시 n. 오징어

□ **jellyfish** [dʒélifiʃ]
젤리피시 n. 해파리

□ **starfish** [stά:rfiʃ] 스타피시
n. 불가사리

□ **shellfish** [ʃélfiʃ] 셸피시 n. 조개
□ **sea slug** [si:slΛg] 씨슬러그 n. 해삼

1 의복(Clothes)

□ **suit** [su:t] 수트
  n. 정장(한벌)

□ **dress shirt**
  [dresʃə:rt] 드레스셔트
  n. 와이셔츠

□ **jacket** [dʒǽkit] 재킽
  n. 웃옷(양복저고리)

□ **blouse** [blaus]
  블라우스 n. 블라우스

□ **pants** [pænts] 팬츠
  n. 바지 (= trousers)

□ **vest** [vest] 베스트
  n. 조끼

□ **polo shirt**
  [póulou ʃə:rt] 포울로우셔트
  n. 폴로셔츠(목티셔츠)

□ **jumper** [dʒʌ́mpər]
젬퍼 n. 잠바

□ **sweater** [swétər]
스웨터 n. 스웨터

□ **coat** [kout] 코우트 n. 코트

□ **dress** [dres]
드레스 n. 원피스

□ **tuxedo** [tʌksí:dou]
턱씨도우 n. 턱시도

□ **shorts** [ʃɔ́:rts] 쇼츠 n. 짧은 바지
□ **skirt** [skə:rt] 스커트 n. 치마

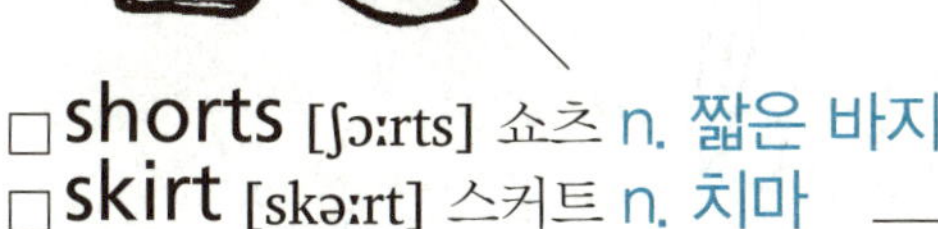

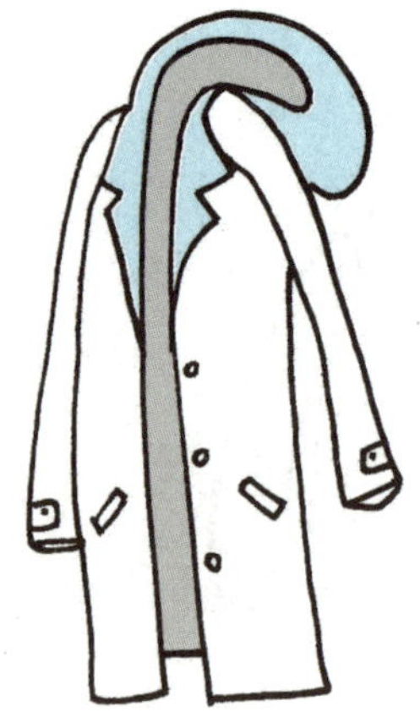

□ uniform
[júːnəfɔ̀ːrm]
유너폼 n. 제복

□ raincoat
[réinkòut]
레인코우트 n. 비옷

□ turtleneck
[tə́ːrtlnèk] 터틀넥
n. 터틀네크의 스웨터

□ nightdress
[náitdrès] 나이트드레스
n. 여성잠옷

□ casual wear
[kǽʒuəl wɛ̀ər]
캐쥬얼웨어 n. 평상복

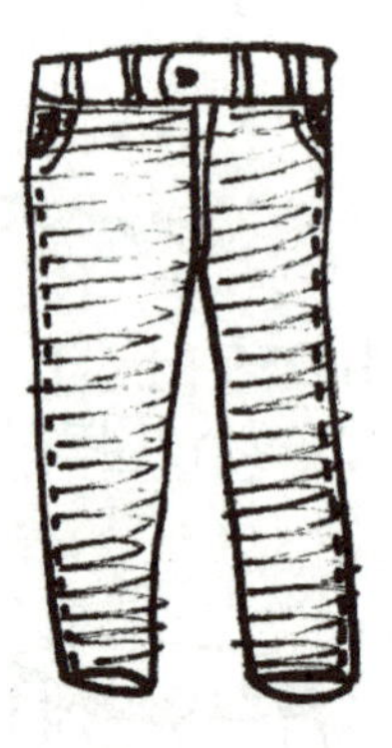

□ jeans [dʒíːnz]
진즈 n. 청바지

□ **cardigan**
[káːrdigən]
카디건 n. 가디건

□ **overall** [óuvərɔ̀ːl] 오우버롤
n. (가슴받이가 달린) 바지, 멜빵바지

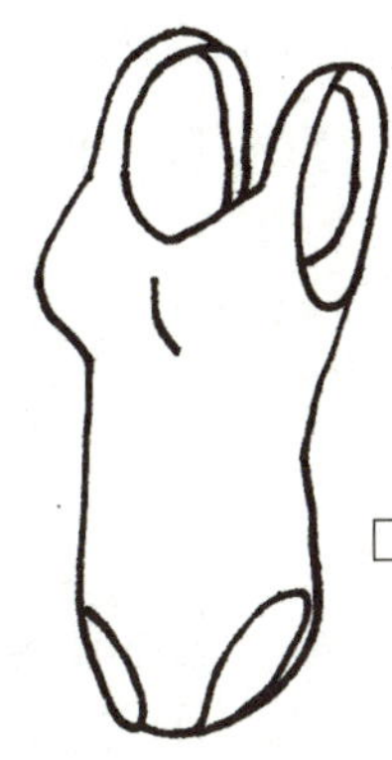

□ **swimsuit** [swímsùːt]
스윔수트 n. 수영복

□ **underwear**
[ʌ́ndərwɛ̀ər] 언더웨어
n. 내의, 속옷

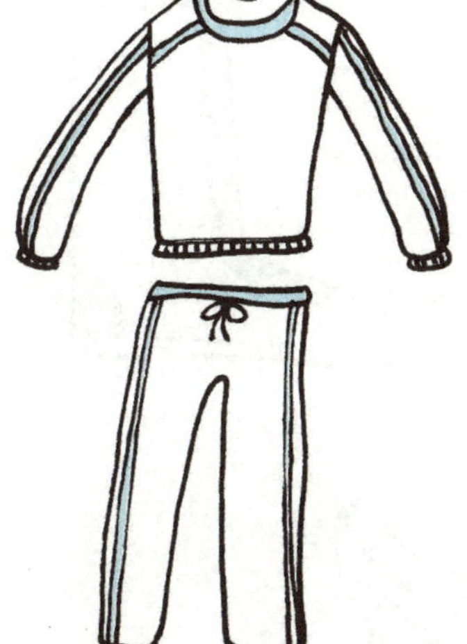

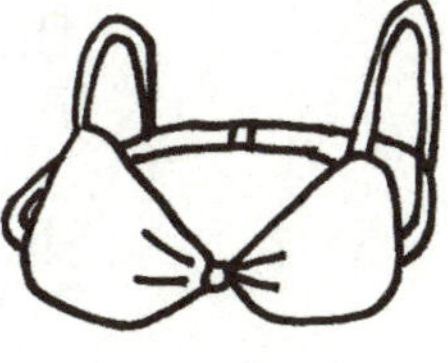

□ **sportswear** [spɔ́ːrtswɛ̀ːr]
스포츠웨어 n. 운동복

□ **jogging suit** [dʒágiŋ suːt]
쟈깅수트 n. 조깅복장

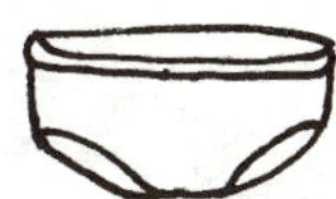

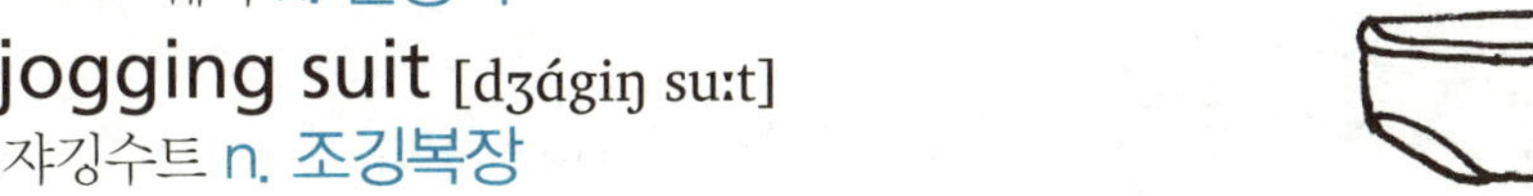

② 신발(Shoes)

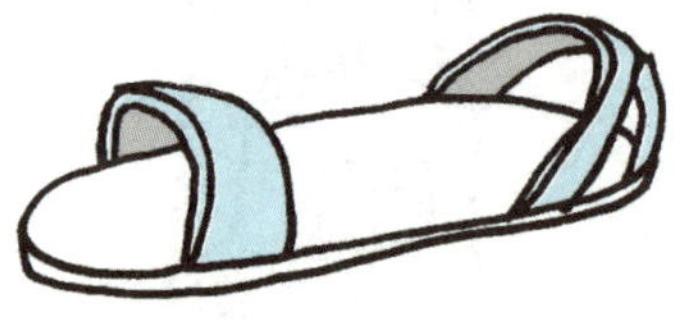

□ **sandal** [sǽndl]
쌘들 n. 샌들

□ **slipper** [slípə:r] 슬리퍼 n. 실내화
□ **scuff** [skʌf] 스커프 n. 슬리퍼

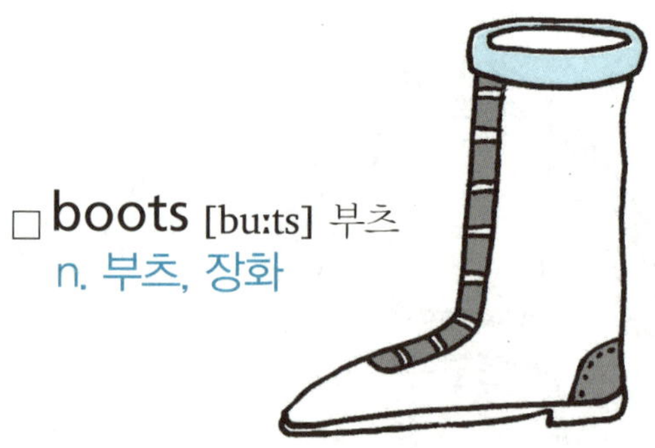

□ **boots** [bu:ts] 부츠
n. 부츠, 장화

□ **high-heeled shoes**
[haihi:ld ʃu:z] 하이힐드슈즈
n. 굽높은 구두

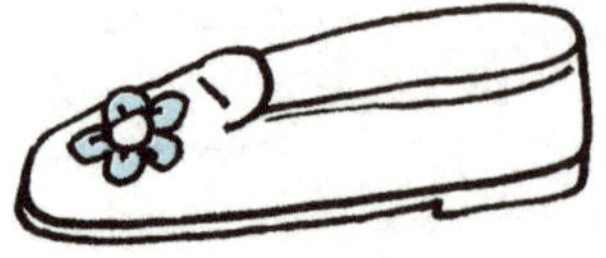

□ **low shoes** [lou ʃu:z]
로우슈즈 n. 단화

□ mountain-climbing boots

[máunt-ən-kláimiŋ buːts]
마운턴클라이밍부츠 n. 등산화

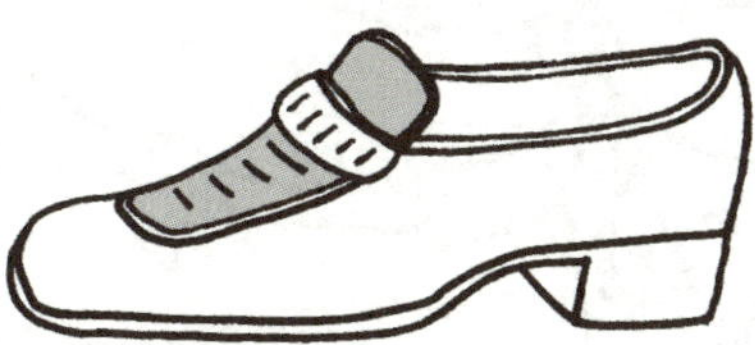

□ leather shoes
[léðəːr ʃuːz] 레더슈즈
n. 가죽구두

□ sports shoes
[spɔːrts ʃuːz] 스포츠슈즈
n. 운동화

□ sneakers [sníːkəːrz]
스니커즈 n. (고무바닥의)운동화

③ 소품(Accessory)

□ **sunglass** [sʌ́nglæs]
썬글래스 n. 색안경

□ **scarf** [skɑːrf] 스카프
n. 스카프, 목도리

□ **handkerchief**
[hǽŋkərtʃif]
행커치프 n. 손수건

□ **earring** [íərìŋ] 이어링
n. 귀걸이, 귀고리

□ **bracelet** [bréislit]
브레이스릳 n. 팔찌

□ **ring** [riŋ] 링 n. 반지

□ **brooch** [broutʃ]
브로우치 n. 브로치

□ **necklace** [néklis]
네크리스 n. 목걸이

□ **stocking** [stákiŋ] 스타킹 n. 스타킹

□ **socks** [saks] 싹스 n. (짧은)양말

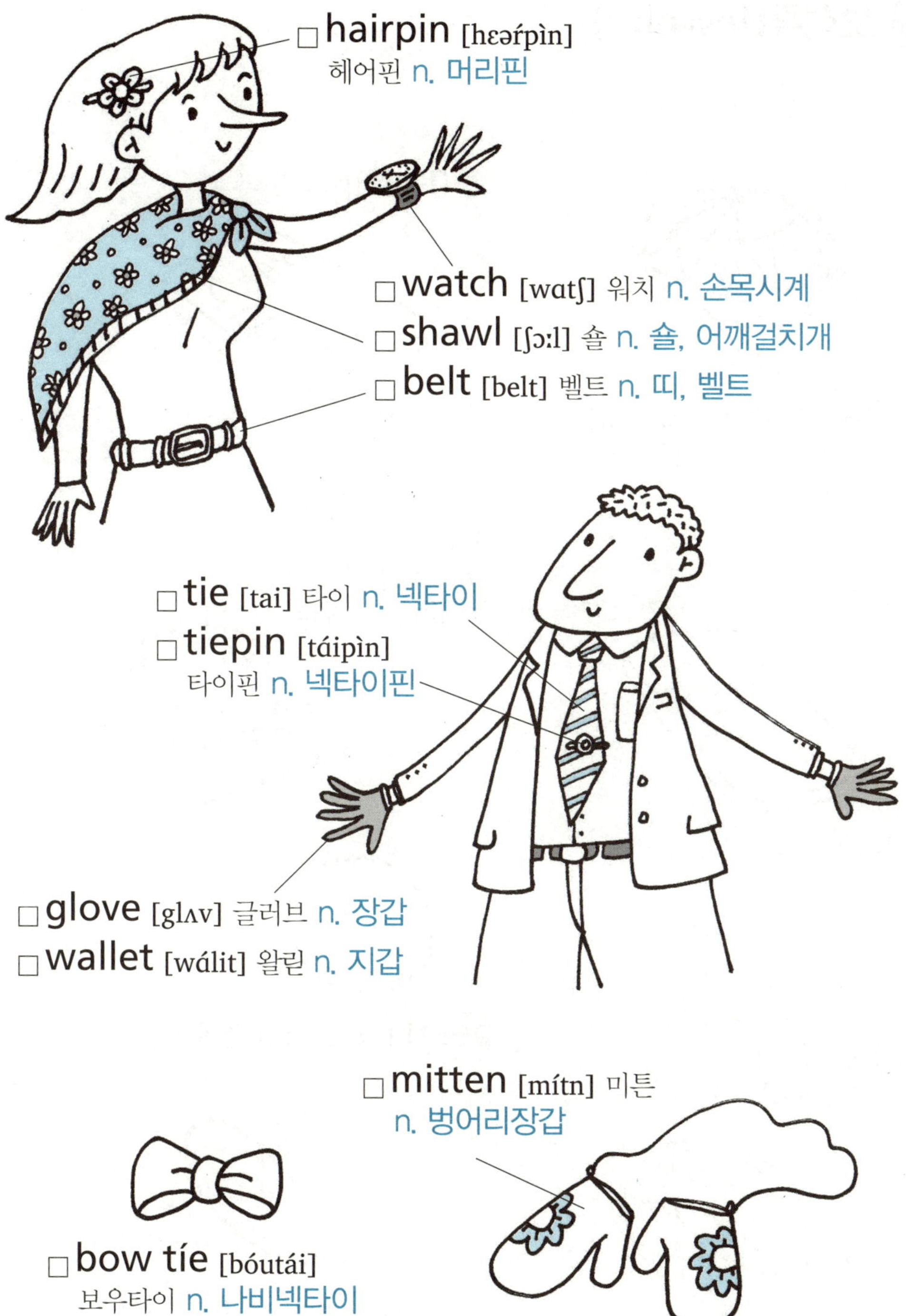

□ hairpin [hɛə́rpìn]
헤어핀 n. 머리핀
□ watch [watʃ] 워치 n. 손목시계
□ shawl [ʃɔ:l] 숄 n. 숄, 어깨걸치개
□ belt [belt] 벨트 n. 띠, 벨트
□ tie [tai] 타이 n. 넥타이
□ tiepin [táipìn]
타이핀 n. 넥타이핀
□ glove [glʌv] 글러브 n. 장갑
□ wallet [wálit] 왈릿 n. 지갑
□ mitten [mítn] 미튼
n. 벙어리장갑
□ bow tie [bóutái]
보우타이 n. 나비넥타이

④ 보석류(Jewelry)

□ **diamond** [dáiəmənd] 다이어먼드 n. 다이아몬드

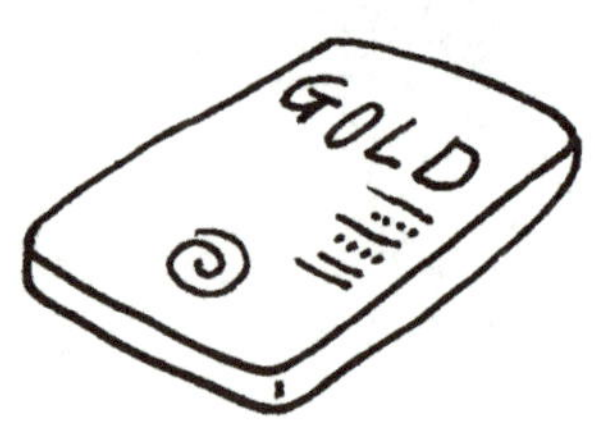

□ **gold** [gould] 고울드 n. 금

□ **silver** [sílvəːr] 씰버 n. 은

□ **emerald** [émərəld] 에머럴드 n. 에머럴드, 취옥

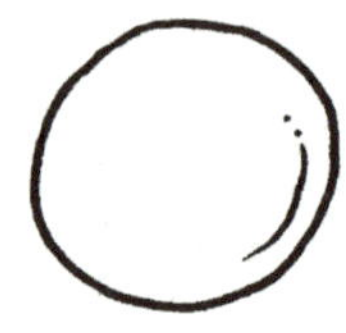

□ **pearl** [pəːrl] 펄 n. 진주

□ **ruby** [rúːbi] 루비 n. 루비, 홍옥

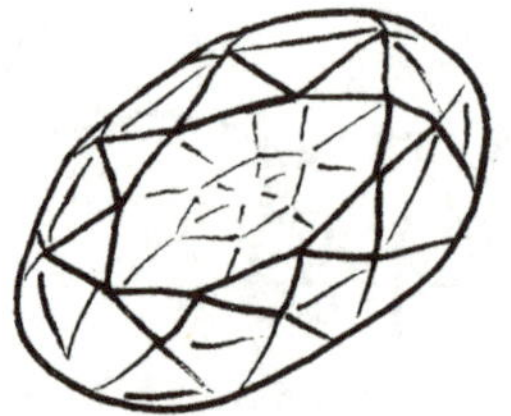

□ **coral** [kɔ́ːrəl] 코럴 n. 산호

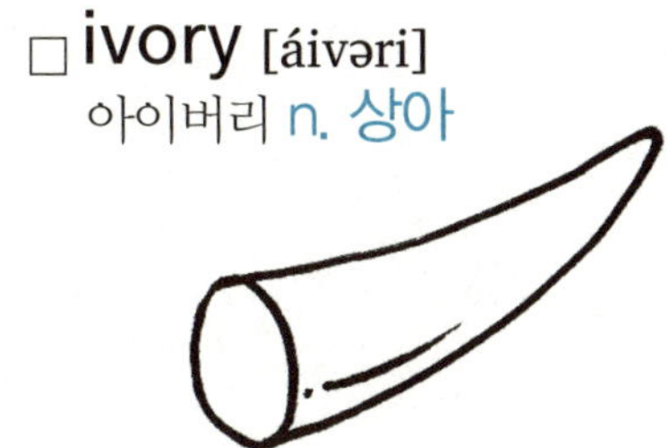

□ **ivory** [áivəri]
아이버리 n. 상아

□ **jade** [dʒeid] 제이드
n. 비취, 옥

□ **amber** [ǽmbər]
앰버 n. 호박

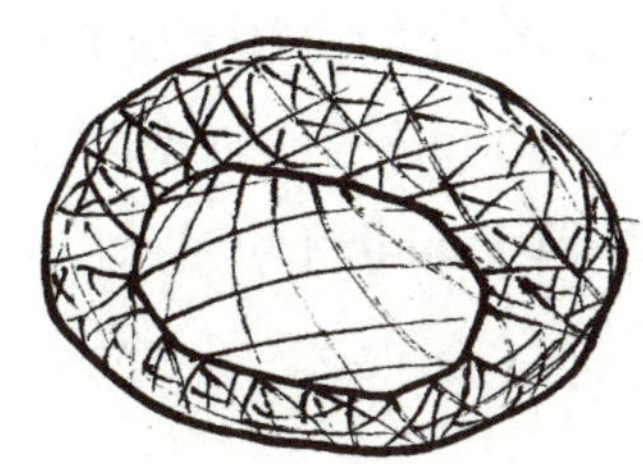

□ **amethyst** [ǽməθist]
애머씨스트 n. 자수정

□ **platinum**
[plǽtənəm] 플래터넘
n. 백금 (= white gold)

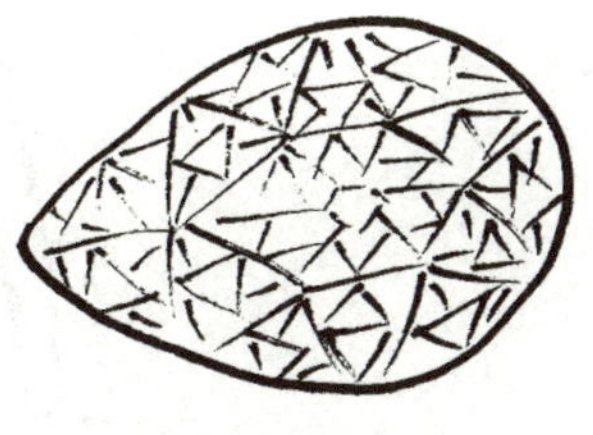

□ **sapphire**
[sǽfaiə:r] 쌔파이어
n. 사파이어, 청옥

□ **crystal** [krístl]
크리스틀 n. 수정

5 색깔(Color)

- [ ] **red** [red] 레드 n. (a) 빨강(색의)
- [ ] **yellow** [jélou] 옐로우 n. (a) 노랑(색의)
- [ ] **blue** [blu:] 블루 n. (a) 파랑(색의)
- [ ] **orange** [ɔ́(:)rindʒ] 오린지 a. 오렌지색의
- [ ] **green** [gri:n] 그린 n. (a) 녹색(의)
- [ ] **purple** [pə́:rpəl] 퍼펄 n. (a) 자주빛(의)
- [ ] **pink** [piŋk] 핑크 n. (a) 연분홍(의)
- [ ] **violet** [váiəlit] 바이얼릿 n. (a) 보랏빛(의)

□ **turquoise** [tə́:rkwɔiz] 터쿼이즈 n. 청록색
□ **black** [blæk] 블랙 n. (a) 검은색(의)
□ **white** [hwait] 화이트 n. (a) 흰색(의)

□ **gray** [grei] 그레이 n. (a) 회색(의)
□ **cream** [kri:m] 크림 n. (a) 크림색(의)
□ **brown** [braun] 브라운 n. (a) 다갈색(의)
□ **beige** [beiʒ] 베이지 n. (a) 베이지색(의)

chapter 4 · 신체(Body)

1 (우리)몸(Body) – 얼굴(Face)

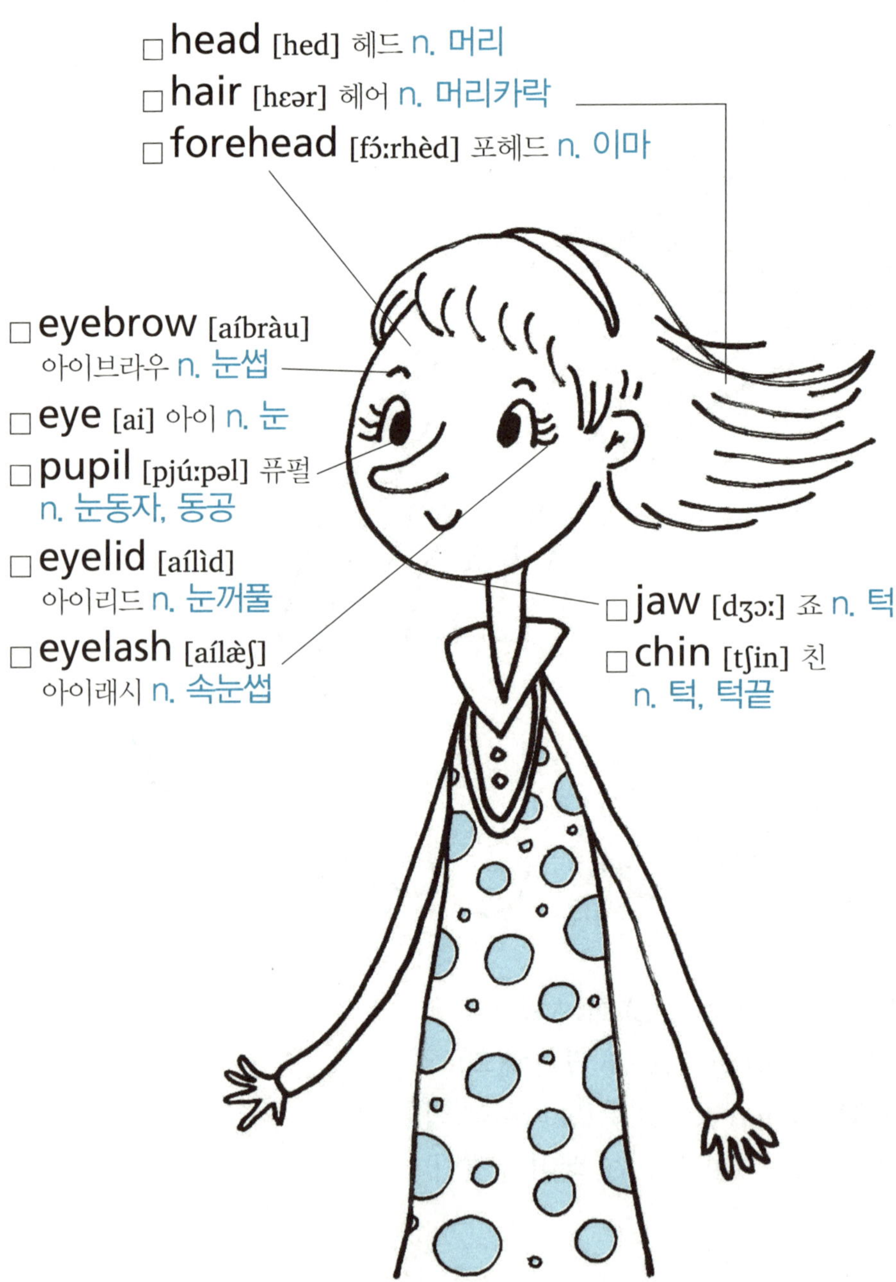

☐ **pimple** [pímpl] 핌플 n. 여드름
☐ **wrinkle** [ríŋk-əl] 링컬 n. 주름
☐ **mole** [moul] 모울 n. 사마귀, 점

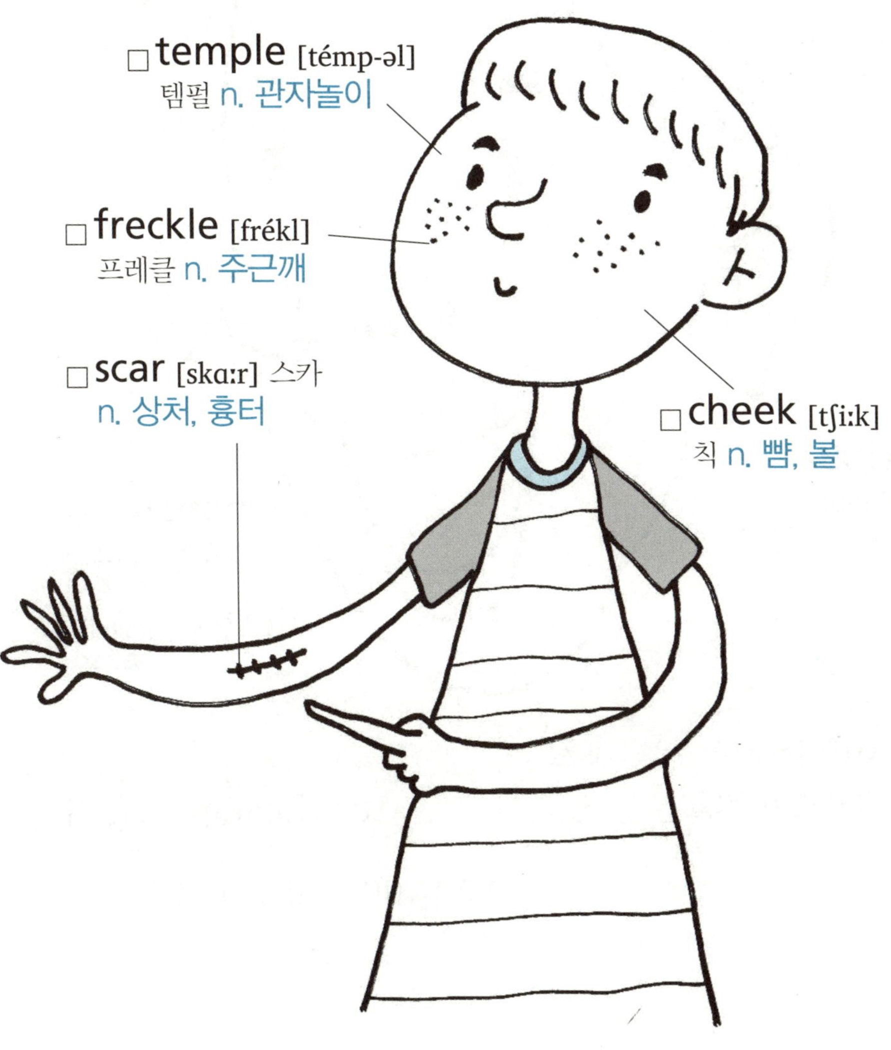

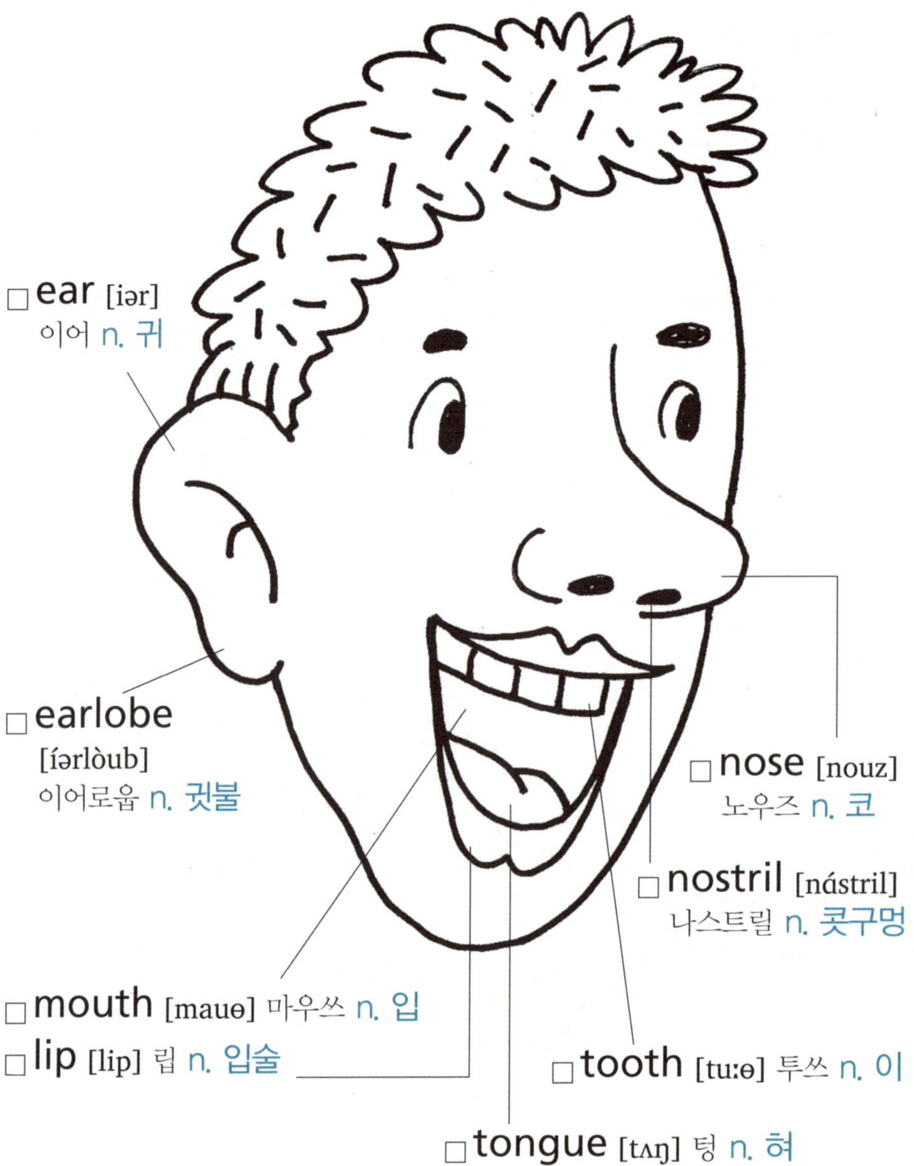

□ ear [iər]
이어 n. 귀
□ earlobe [íərlòub]
이어로웁 n. 귓불
□ mouth [mauθ] 마우쓰 n. 입
□ lip [lip] 립 n. 입술
□ nose [nouz]
노우즈 n. 코
□ nostril [nástril]
나스트릴 n. 콧구멍
□ tooth [tu:θ] 투쓰 n. 이
□ tongue [tʌŋ] 텅 n. 혀

□ **sideburns** [saídbə̀:rnz]
싸이드번즈 n. 짧은 구렛나루

□ **whisker** [hwískə:r] 휘스커
n. 구렛나루

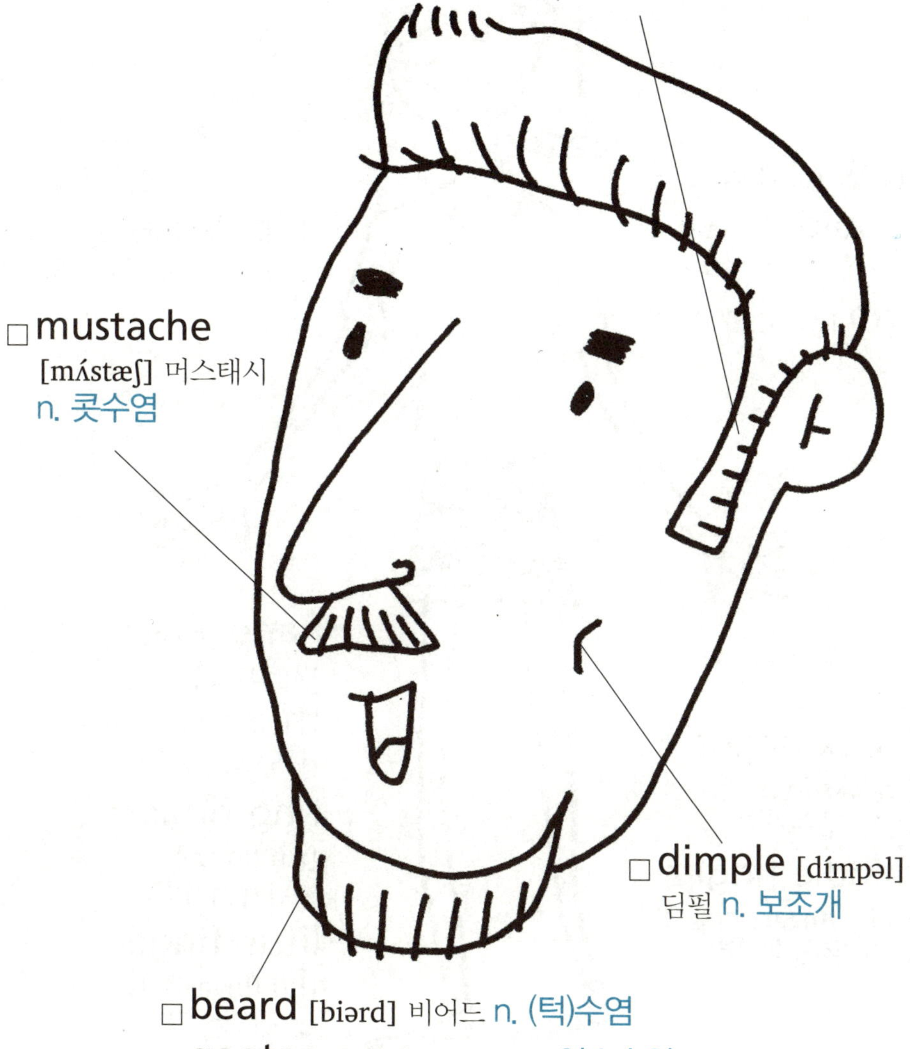

□ **mustache**
[mʌ́stæʃ] 머스태시
n. 콧수염

□ **dimple** [dímpəl]
딤펄 n. 보조개

□ **beard** [biərd] 비어드 n. (턱)수염

□ **goatee** [goutí:] 고우티 n. 염소수염

② (우리)몸(Body) – 보이는 부분(visible part)

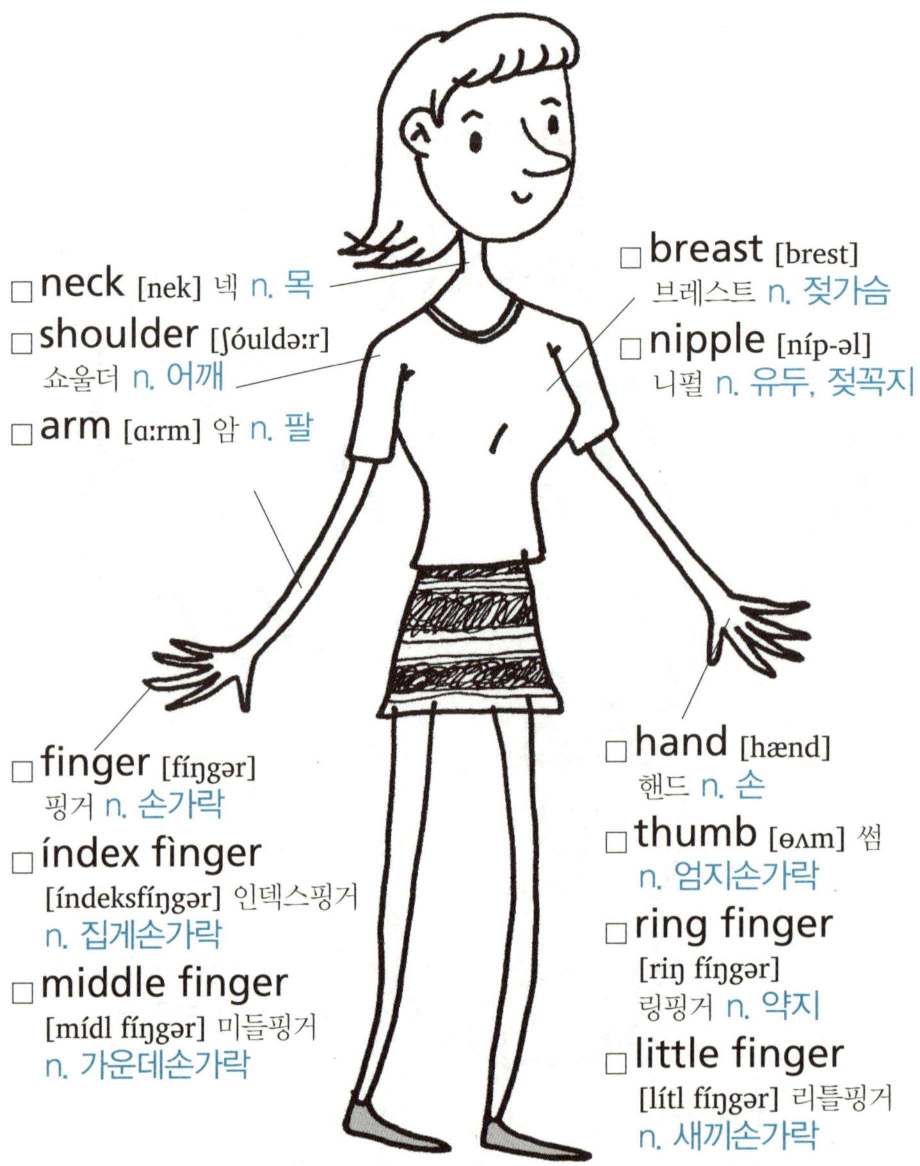

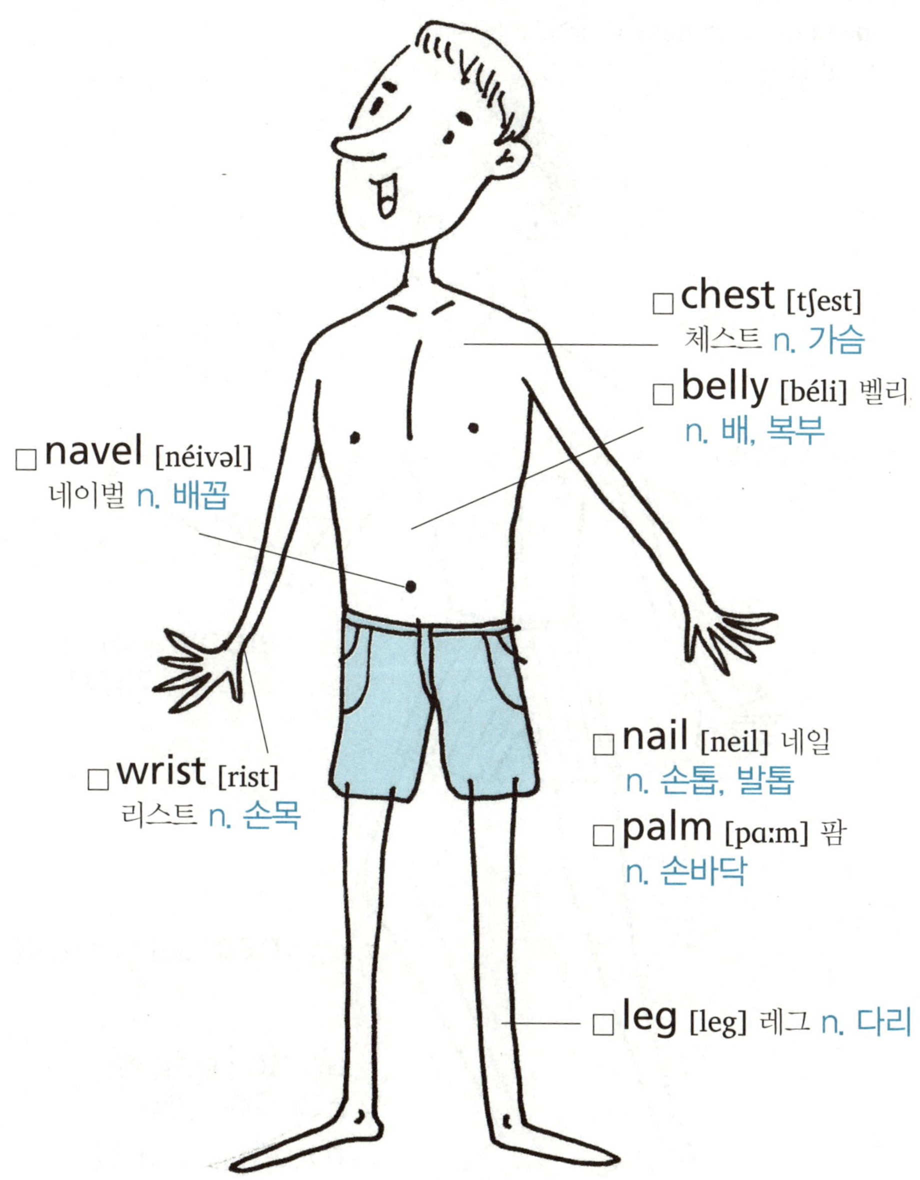

□ chest [tʃest]
체스트 n. 가슴
□ belly [béli] 벨리
n. 배, 복부
□ navel [néivəl]
네이벌 n. 배꼽
□ nail [neil] 네일
n. 손톱, 발톱
□ palm [pɑːm] 팜
n. 손바닥
□ wrist [rist]
리스트 n. 손목
□ leg [leg] 레그 n. 다리

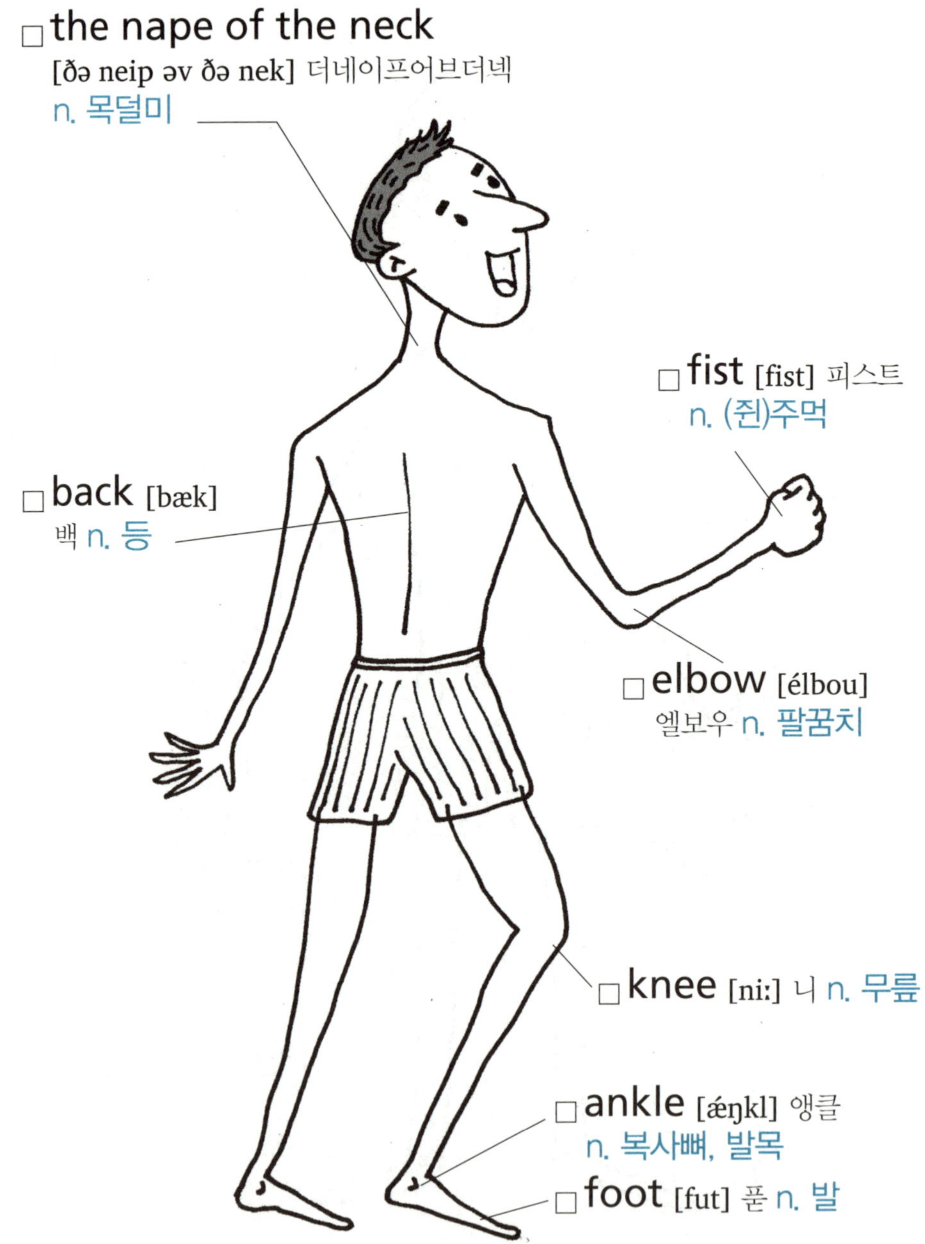
□ **the nape of the neck**
[ðə neip əv ðə nek] 더네이프어브더넥
n. 목덜미
□ **fist** [fist] 피스트
n. (쥔)주먹
□ **back** [bæk]
백 n. 등
□ **elbow** [élbou]
엘보우 n. 팔꿈치
□ **knee** [ni:] 니 n. 무릎
□ **ankle** [ǽŋkl] 앵클
n. 복사뼈, 발목
□ **foot** [fut] 푿 n. 발

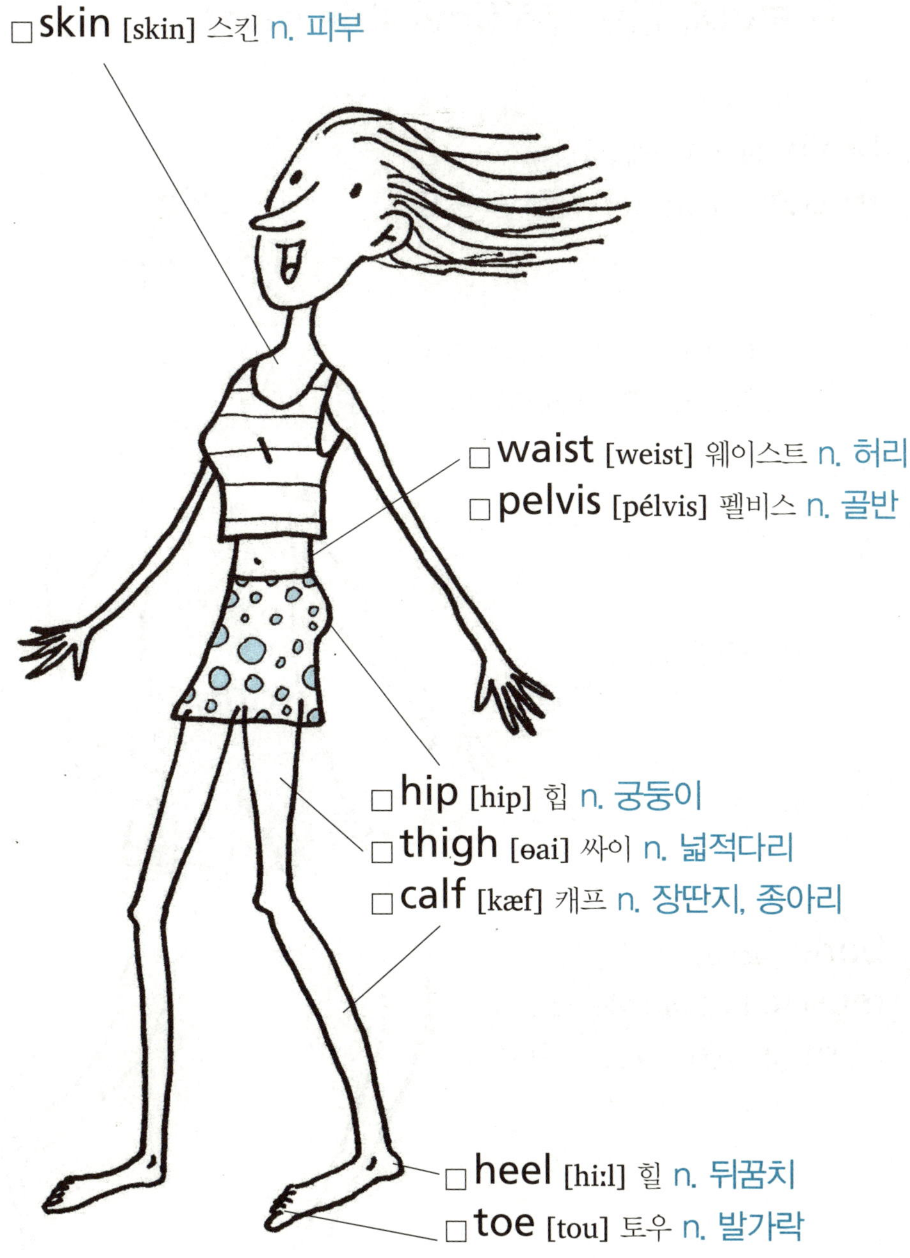

□ skin [skin] 스킨 n. 피부
□ waist [weist] 웨이스트 n. 허리
□ pelvis [pélvis] 펠비스 n. 골반
□ hip [hip] 힙 n. 궁둥이
□ thigh [θai] 싸이 n. 넓적다리
□ calf [kæf] 캐프 n. 장딴지, 종아리
□ heel [hi:l] 힐 n. 뒤꿈치
□ toe [tou] 토우 n. 발가락

③ (우리)몸(Body)
– 보이지 않는 부분(invisible part)

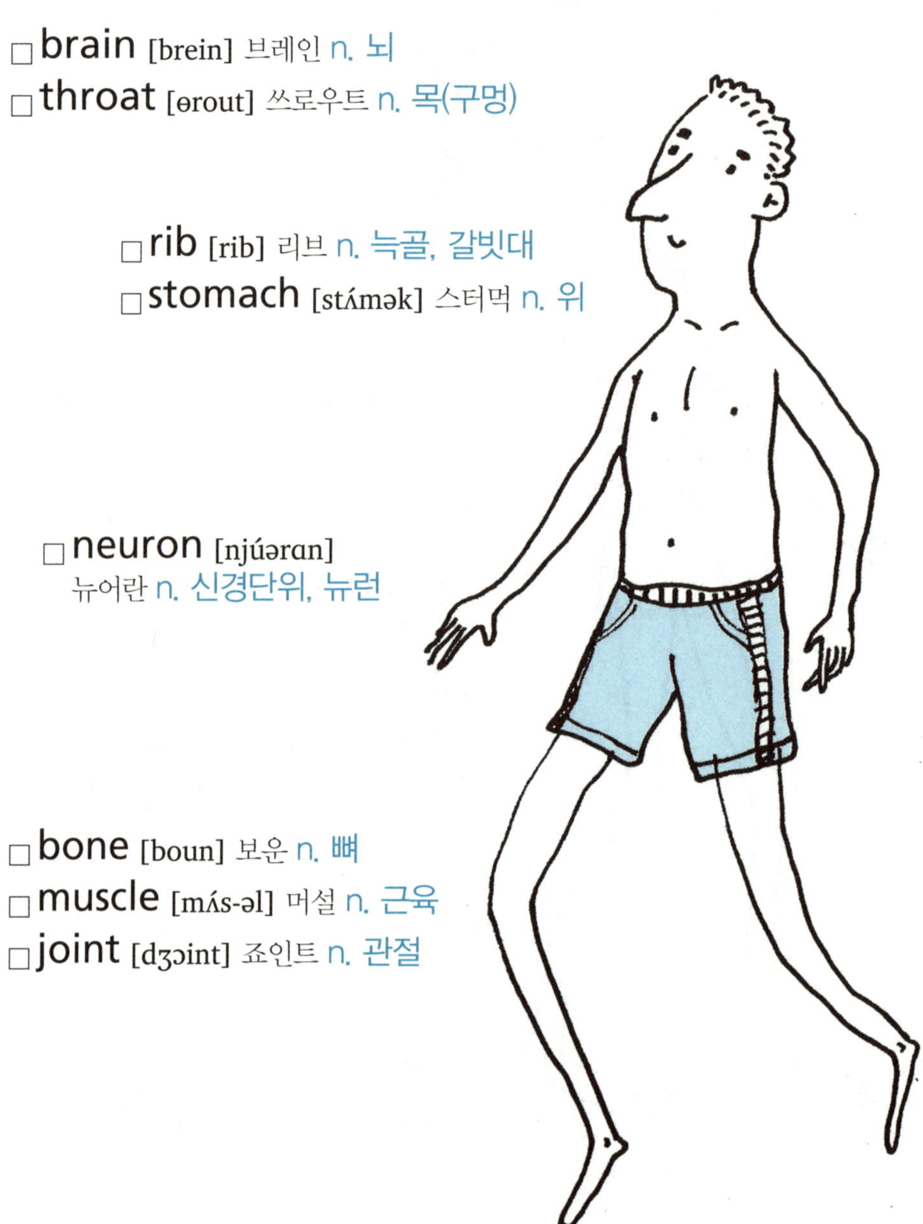

□ **brain** [brein] 브레인 n. 뇌
□ **throat** [θrout] 쓰로우트 n. 목(구멍)

□ **rib** [rib] 리브 n. 늑골, 갈빗대
□ **stomach** [stʌ́mək] 스터먹 n. 위

□ **neuron** [njúərɑn]
뉴어란 n. 신경단위, 뉴런

□ **bone** [boun] 보운 n. 뼈
□ **muscle** [mʌ́s-əl] 머설 n. 근육
□ **joint** [dʒɔint] 죠인트 n. 관절

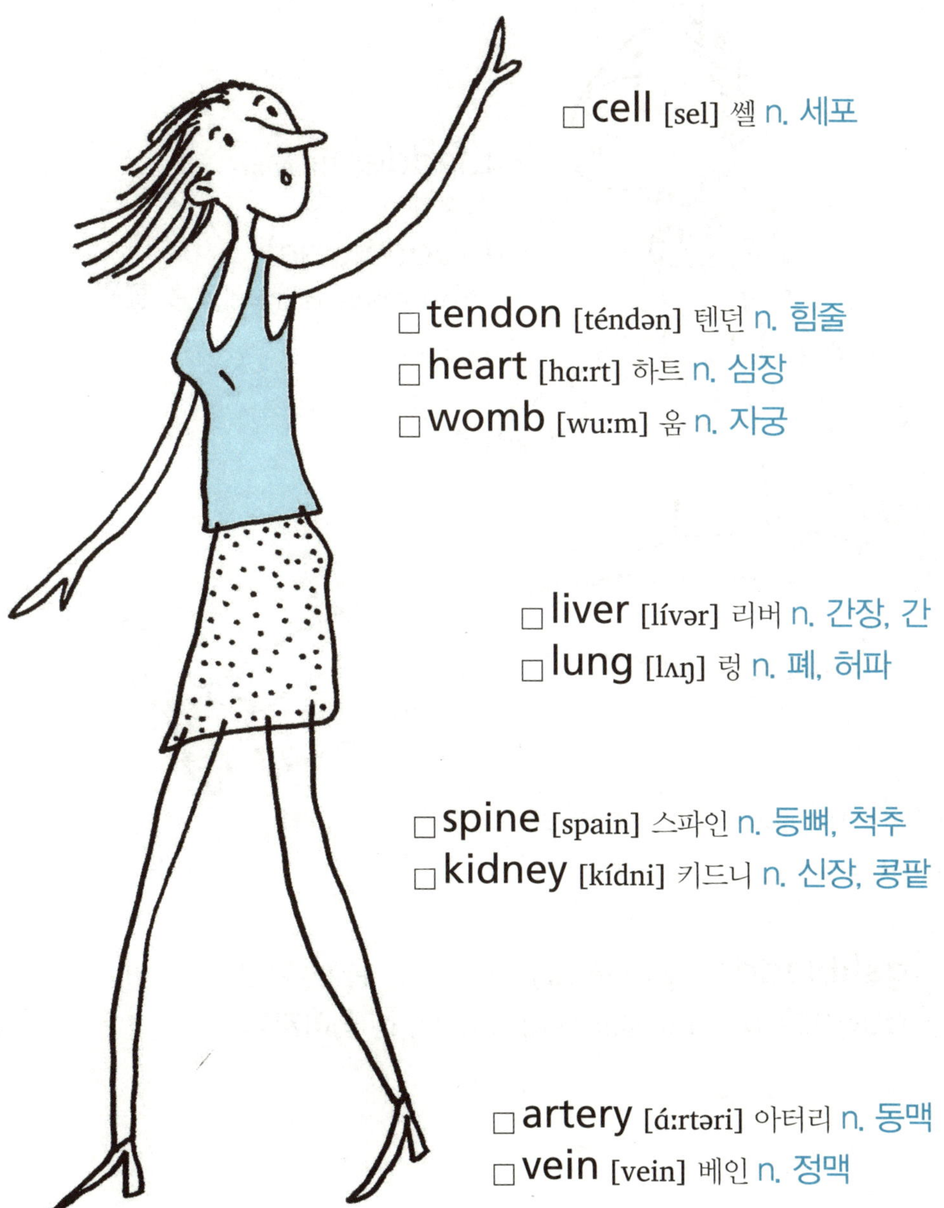

□ cell [sel] 쎌 n. 세포

□ tendon [téndən] 텐던 n. 힘줄
□ heart [hɑːrt] 하트 n. 심장
□ womb [wuːm] 움 n. 자궁

□ liver [lívər] 리버 n. 간장, 간
□ lung [lʌŋ] 렁 n. 폐, 허파

□ spine [spain] 스파인 n. 등뼈, 척추
□ kidney [kídni] 키드니 n. 신장, 콩팥

□ artery [áːrtəri] 아터리 n. 동맥
□ vein [vein] 베인 n. 정맥

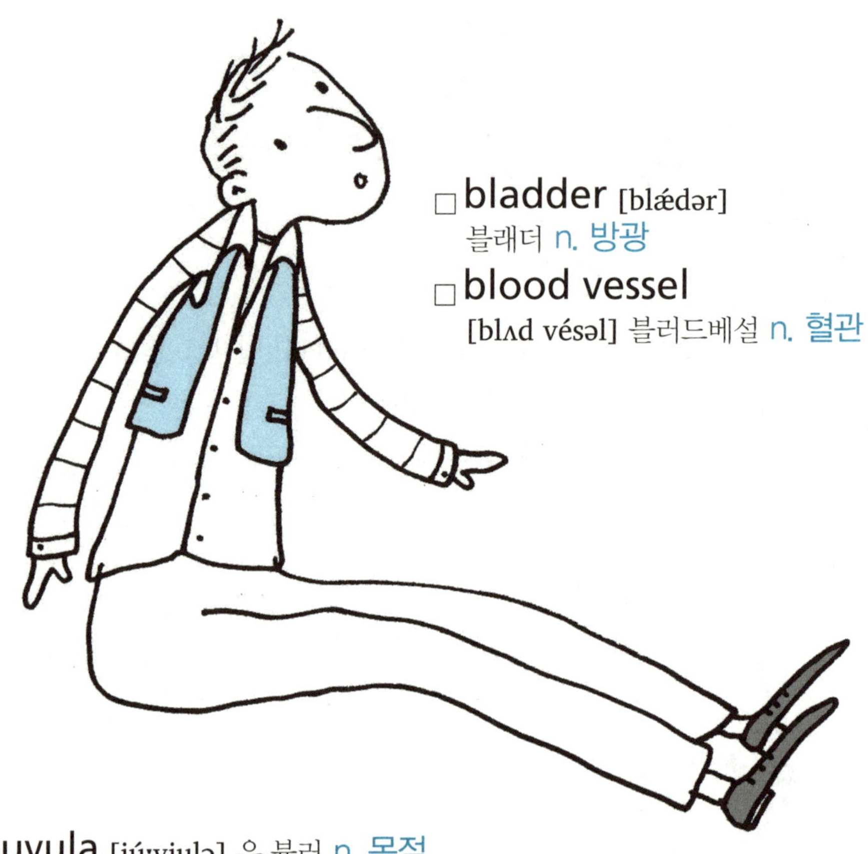

□ **bladder** [blǽdər]
블래더 n. 방광
□ **blood vessel**
[blʌd vésəl] 블러드베설 n. 혈관

□ **uvula** [júːvjulə] 유 뷸러 n. 목젖
□ **pancreas** [pǽŋkriəs] 팽크리어스 n. 췌장

□ **gallbladder** [gɔ́ːlblǽdər] 골블래더 n. 쓸개, 담낭
□ **duodenum** [djuːádənəm] 듀아더넘 n. 십이지장

☐ **intestine** [intéstin] 인테스틴 n. 장
☐ **large intestine** [lɑːrdʒ intéstin]
라쥐인테스틴 n. 대장

☐ **small intestine**
[smɔːl intéstin]
스몰인테스틴 n. 소장

☐ **flesh** [fleʃ] 플레시 n. 살
☐ **blood** [blʌd] 블러드 n. 피, 혈액
☐ **voice** [vɔis] 보이스 n. 목소리

☐ **breath** [breθ] 브레쓰 n. 숨, 호흡.

④ (우리)몸(Body) – 분비물(Secretion)

- □ **earwax** [íərwæks]
  이어왝스 n. 귀지
- □ **tear** [tiə:r] 티어 n. 눈물

- □ **nose wax** [nouzwæks]
  노우즈왝스 n. 코딱지
- □ **scurf** [skə:rf] 스커프
  n. 비듬 (=dandruff)

- □ **belch** [beltʃ] 벨치 n. 트림

- □ **urine** [júərin] 유어린
  n. 소변, 오줌
- □ **ordure** [ɔ́:rdʒər] 오져
  n. 오물, 배설물

- □ **wind** [wind]
  윈드 n. 방귀

□ **yawn** [jɔ:n] 욘 n. 하품
□ **sweat** [swet] 스웻 n. 땀

□ **saliva** [səláivə] 설라이버 n. 침, 타액
□ **hiccup** [híkʌp] 히컵 n. 딸꾹질
□ **sneeze** [sni:z] 스니즈 n. 재채기
□ **snivel** [snív-əl] 스니벌 n. 콧물

chapter 5

1 느낌(Feeling)

- □ **mood** [muːd] 무드
  n. (일시적인)기분, 마음가짐
- □ **love** [lʌv] 러브 n. 사랑

- □ **pleasure** [pléʒər] 플레저 n. 기쁨, 즐거움
- □ **excitement** [iksáitmənt]
  익싸이트먼트 n. 흥분
- □ **happiness** [hǽpinis] 해피니스 n. 행복
- □ **cheerfulness** [tʃíərfəlnis]
  치어펄니스 n. 유쾌함
- □ **amusement** [əmjúːzmənt]
  어뮤즈먼트 n. 즐거움, 재미

- □ **kindness** [káindnis] 카인드니스 n. 친절
- □ **imagination** [imædʒənéiʃən]
  이매져네이션 n. 상상(력)
- □ **emotion** [imóuʃən] 이모우션 n. 감동, 감정

□ **hope** [houp] 호웁 n. 희망
□ **relief** [rilí:f] 릴리프 n. 안심
□ **belief** [bilí:f] 빌리프 n. 믿음, 신뢰

□ **comfort** [kʌ́mfərt]
캄퍼트 n. 위로, 위안
□ **sympathy** [símpəθi]
씸퍼씨 n. 동정, 호의

□ **fear** [fiər] 피어 n. 두려움, 공포
□ **worry** [wə́:ri] 워리 n. 걱정, 고민
□ **anxiety** [æŋzáiəti] 앵자이어티
　　n. 근심, 불안, 열망
□ **agony** [ǽgəni] 애거니 n. 고민, 고통
□ **nervousness** [nə́:rvəsnis]
너버스니스 n. 긴장, 신경과민

□ **anger** [ǽŋgər] 앵거
  n. 노여움, 분노, 화
□ **shame** [ʃeim] 셰임
  n. 부끄럼, 수치
□ **disappointment**
  [dìsəpɔ́intmənt]
  디서포인트먼트 n. 실망

□ **envy** [énvi] 엔비 n. 질투, 부러움
□ **pity** [píti] 피티 n. 동정
□ **thank** [θæŋk] 쌩크 n. 감사

□ **sadness** [sǽdnis] 쌔드니스
  n. 슬픔, 비애 (= sorrow)
□ **misunderstanding**
  [mìsʌndəːrstǽndiŋ]
  미스언더스탠딩 n. 오해

□ **alarm** [əlá:rm] 얼람
  n. 놀람, 공포

□ **danger** [déindʒər]
데인져 n. 위험

□ **care** [kɛər] 케어
n. 주의, 관심

□ **joy** [dʒɔi] 죠이 n. 기쁨, 환희
□ **peace** [piːs] 피스 n. 평화
□ **sentiment** [séntəmənt]
쎈터먼트 n. (고상한)감정, 다정다감
□ **satisfaction** [sæ̀tisfǽkʃ-ne]
쌔티스팩션 n. 만족

□ **hurry** [hə́ːri] 허리 n. 매우 급함, 서두름
□ **haste** [heist] 헤이스트 n. 급함, 신속

□ **dissatisfaction**
[dissæ̀tisfǽkʃən]
디쌔티스팩션 n. 불만, 불평

□ **expectation**
[èkspektéiʃən] 엑스펙테이션
n. 예상, 기대

□ **impression** [impréʃən]
임프레션 n. 인상, 감명
□ **admiration** [ædməréiʃən]
애드머레이션 n. 감탄
□ **amazement** [əméizmənt]
어메이즈먼트 n. 깜짝놀람, 경악

□ **annoyance**
[ənóiəns] 어노이언스
n. 성가심, 불쾌감
□ **hate** [heit] 헤이트
n. 혐오, 증오

□ **rashness** [ræʃnis] 래시니스
n. 경솔함, 분별없음
□ **regret** [rigrét] 리그렛
n. 유감, 후회

□ **loneliness**
[lóunlinis] 로운리니스
n. 쓸쓸함, 적막함, 고독

☐ **stress** [stres] 스트레스
n. 압박, 긴장
☐ **irritation** [ìrətéiʃən]
이러테이션 n. 안달, 초조
☐ **awfulness** [ɔ́:fəlnis] 오펄니스
n. 두려운 것, 장엄함

☐ **laugh** [læf] 래프 n. 웃음
☐ **fun** [fʌn] 펀 n. 즐거움, 장난

☐ **prejudice** [prédʒudis]
프레쥬디스 n. 편견
☐ **frustration** [frʌstréiʃ-ən]
프러스트레이션 n. 좌절
☐ **pride** [praid] 프라이드
n. 자존심, 자만심

☐ **calm** [kɑ:m] 캄 n.고요함, 냉정
☐ **wisdom** [wízdəm] 위즈덤
   n. 현명함, 지혜

☐ **thrill** [θril] 쓰릴
   n. 스릴, 전율, 떨림
☐ **horror** [hɔ́:rər] 호러 n. 공포
☐ **suffering** [sʌ́fəriŋ] 써퍼링
   n. 괴로움, 고통

☐ **gladness** [glǽdnis]
   글래드니스 n. 기쁨
☐ **humor** [hjú:mər] (휴)유머
   n. 유머, 해학

☐ **interest** [íntərist] 인터리스트
   n. 관심, 흥미

□ **depression** [dipréʃən] 디프레션
   n. 의기소침, 우울
□ **temptation** [temptéiʃ-ən]
   템프테이션 n. 유혹

□ **freedom** [frí:dəm] 프리덤
   n. 자유, 해방
□ **honesty** [ánisti] 아니스티
   n. 정직, 성실
□ **truth** [tru:θ] 트루쓰 n. 진실, 진리

□ **tension** [ténʃ-ən] 텐션
   n. 팽팽함, 긴장

□ **appreciation** [əprì:ʃiéiʃən]
   어프리시에이션 n. 감사

② 감정(Emotion)

□ **happy** [hǽpi] 해피
a. 기쁜, 행복에 가득찬

□ **sad** [sæd]
쌔드 a. 슬픈

□ **hot** [hɑt] 핫 a. 격렬한, 더운
□ **cold** [kould] 코울드
a. 냉정한, 차가운

□ **upset** [ʌpsét] 업셋
a. 혼란한, 당황한

□ **sleepy** [slí:pi] 슬리피 a. 졸린
□ **tired** [taiə:rd] 타이어드 a. 피로한, 지친
□ **exhausted** [igzɔ́:stid]
이그조스티드 a. 녹초가 된

□ **hungry** [hʌ́ŋgri]
헝그리 a. 배고픈

□ **full** [ful] 풀
a. 배부른, 가득찬

□ **surprised** [sərpráizd]
써프라이즈드 a. 깜짝 놀란

□ **ashamed**
[əʃéimd] 어셰임드
a. 부끄러이 여겨

□ **thirsty**
[θə́:rsti] 써스티
a. 목마른, 갈망하는

□ **nice** [nais] 나이스 a. 좋은, 인정많은
□ **fine** [fain] 파인 a. 훌륭한, 뛰어난
□ **good** [gud] 굳 a. 좋은, 친절한
□ **great** [greit] 그레이트
a. 큰, 중대한, 훌륭한

□ **crazy** [kréizi] 크레이지
　a. 미친, 열중한

□ **favorite** [féivərit] 페이버릿
　a. 마음에 드는
□ **fair** [fɛər] 페어
　a. 공평한, 정당한
□ **gentle** [ʤéntl] 젠틀
　a. 온화한, 점잖은
□ **polite** [pəláit] 펄라이트
　a. 공손한, 예의바른

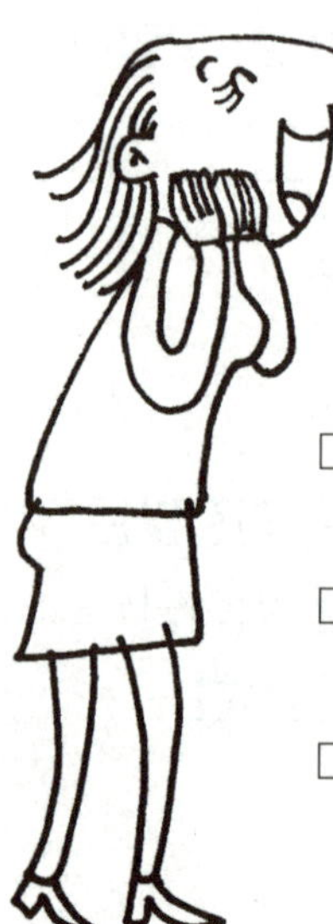

□ **fantastic** [fæntǽstik] 팬태스틱
　a. 환상적인, 굉장한
□ **wonderful** [wʌ́ndəːrfəl] 원더펄
　a. 이상한, 훌륭한
□ **excellent** [éksələnt] 엑설런트
　a. 우수한, 훌륭한

□ **cruel** [krúːəl] 크루얼
   a. 잔혹한, 무자비한

□ **terrible** [térəb-əl] 테러벌
   a. 무서운, 가공할

□ **strong** [strɔ(ː)ŋ] 스트롱
   a. 강한, 굳센

□ **weak** [wiːk] 위크
   a. 약한, 무력한

□ **scared** [skɛəːrd] 스케어드
   a. 무서워하는, 겁먹은

□ **bored**
   [bɔːrd] 보드
   a. 싫증난, 지루한

□ **true** [truː] 트루
   a. 정말의, 진실한

□ **sick** [sik] 씩
   a. 병의, 병에 걸린

□ **well** [wel] 웰
   a. 건강한, (형편이) 좋은

□ **sure** [ʃuər] 슈어 a. 틀림없는, 확실한
□ **certain** [sə́:rtən] 써턴 a. 확신하는, 확실한
□ **perfect** [pə́:rfikt] 퍼픽트
  a. 완전한, 결점이 없는
□ **compact** [kámpækt] 캄팩트
  a. 빽빽하게 찬, 아담한
□ **honest** [ánist] 아니스트 a. 정직한

□ **doubtful**
  [dáutfəl] 다우트펄
  a. 의심스러운, 확신을 못하는

□ **smart** [smɑːrt] 스마트
  a. 빈틈없는, 재치있는

□ **foolish** [fúːliʃ] 풀리시
  a. 미련한, 바보같은

□ **humorous**
  [hjúːmərəs] (휴)유머러스
  a. 유머가 풍부한

□ **disappointed** [dìsəpɔ́intid]
디서포인티드 a. 실망한, 낙담한
□ **confused** [kənfjú:zd]
컨퓨즈드 a. 당황한, 혼란한
□ **lonely** [lóunli] 로운리
a. 외로운, 고독한

□ **necessary**
[nésəsèri] 네서세리
a. 필요한, 필연적인

□ **rude** [ru:d] 루드
a. 버릇없는, 무례한

□ **free** [fri:] 프리
a. 자유로운

□ **lazy** [léizi] 레이지
a. 게으른, 나태한

□ **diligent** [dílədʒənt] 딜러젼트
a. 근면한, 부지런한

□ **alive** [əláiv] 얼라이브
a. 살아있는, 생생하여
□ **safe** [seif] 쎄이프 a. 안전한, 믿을 수 있는
□ **fresh** [freʃ] 프레시 a. 새로운, 생기있는

□ **mad** [mæd] 매드
a. 미친, 열광적인
□ **false** [fɔːls] 폴스
a. 그릇된, 거짓의

□ **brave** [breiv] 브레이브
a. 용감한
□ **patient** [péiʃənt] 페이션트
a. 인내심이 강한, 끈기있는

□ **shy** [ʃai] 샤이
a. 소심한, 수줍어 하는
□ **faint** [feint] 페인트
a. 약한, 기절할 것같은

□ **embarrassed**
[imbǽrəst] 임배러스트
a. 당황한, 당혹한

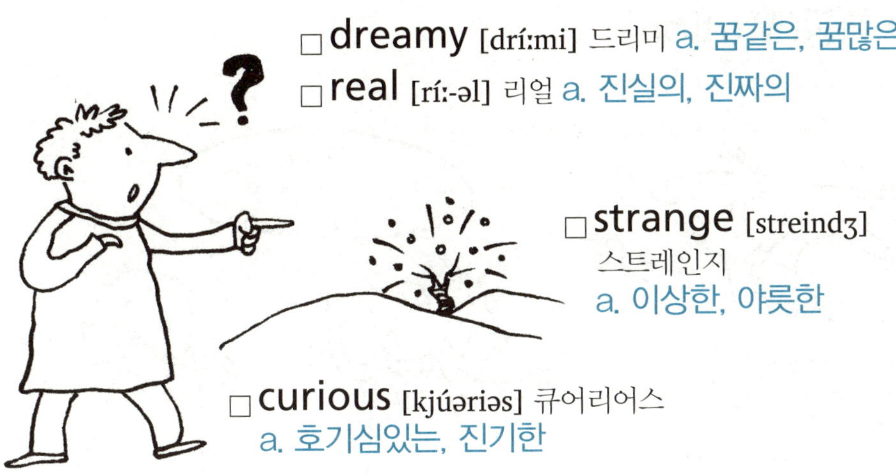

☐ **dreamy** [drí:mi] 드리미 a. 꿈같은, 꿈많은
☐ **real** [rí:-əl] 리얼 a. 진실의, 진짜의

☐ **strange** [streindʒ]
스트레인지
a. 이상한, 야릇한

☐ **curious** [kjúəriəs] 큐어리어스
a. 호기심있는, 진기한

☐ **romantic** [roumǽntik] 로우맨틱 a. 로맨틱한, 공상적인
☐ **busy** [bízi] 비지
a. 바쁜, 분주한

☐ **famous** [féiməs]
페이머스 a. 유명한
☐ **popular** [pápjələr]
파퓰러 a. 대중적인, 인기있는

☐ **jealous** [dʒéləs] 젤러스 a. 질투심이 많은, 시샘하는
☐ **stupid** [stjú:pid] 스튜피드 a. 어리석은, 우둔한
☐ **silly** [síli] 씰리 a. 분별없는, 바보같은

③ 행동(Motion)

- **activity** [æktívəti] 액티버티 n. 활동, 행동
- **life** [laif] 라이프 n. 생명, 생애

- **idea** [aidíːə] 아이디어 n. 생각, 관념
- **pardon** [páːrdn] 파든 n. 용서, 허용
- **advice** [ædváis] 애드바이스 n. 충고, 조언
- **hope** [houp] 호웁 n. 희망, 기대
- **dream** [driːm] 드림 n. 꿈

- **mystery** [míst-əri] 미스터리 n. 신비, 불가사의
- **adventure** [ædvéntʃər] 애드벤쳐 n. 모험(심)
- **luck** [lʌk] 럭 n. 운, 행운

□ **duty** [djú:ti] 듀티 n. 의무, 임무
□ **attention** [əténʃən] 어텐션 n. 주의, 주목
□ **test** [test] 테스트 n. 테스트, 검사
□ **act** [ækt] 액트 n. 소행, 행위
□ **proof** [pru:f] 프루프
　　n. 증명, 증거
□ **try** [trai] 트라이
　　n. 시험, 시도, 노력

□ **practice** [præktis]
　　프랙티스 n. 실행, 습관
□ **use** [ju:s] 유스
　　n. 사용, 이용
□ **bath** [bæθ] 배쓰
　　n. 목욕, 입욕

□ **accent** [æksent] 액센트
　　n. 강조, 강세
□ **appointment** [əpɔ́intmənt]
　　어포인트먼트 n. 약속, 지정

□ **base** [beis] 베이스 n. 기초, 근거
□ **touch** [tʌtʃ] 터치 n. 접촉, 연락

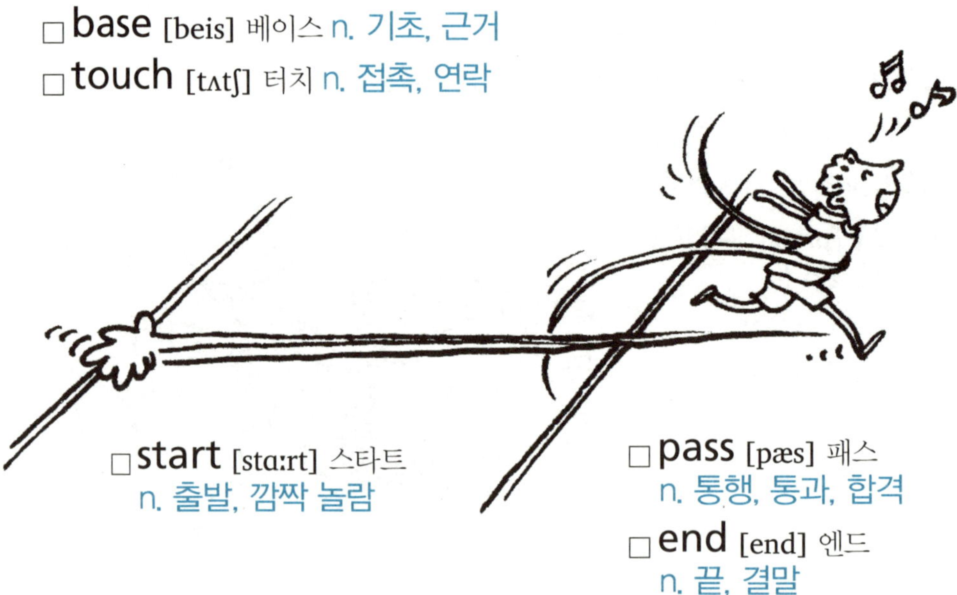

□ **start** [stɑːrt] 스타트
　　n. 출발, 깜짝 놀람

□ **pass** [pæs] 패스
　　n. 통행, 통과, 합격
□ **end** [end] 엔드
　　n. 끝, 결말

□ **control** [kəntróul]
　　컨트로울 n. 지배, 통제
□ **battle** [bǽtl] 배틀
　　n. 전투, 전쟁

□ **failure** [féiljər] 페일러
　　n. 실패, 태만
□ **obedience** [oubíːdiəns]
　　오우비디언스 n. 복종

□ **cure** [kjuər] 큐어 n. 치료, 회복
□ **rest** [rest] 레스트 n. 휴식, 안정
□ **need** [ni:d] 니드 n. 필요

□ **fight** [fait] 파이트 n. 싸움

□ **study** [stʌ́di] 스터디
　　n. 공부, 학습

□ **note** [nout] 노우트
　　n. 기록, 각서

□ **job** [dʒɑb] 잡 n. 일, 직업
□ **business** [bíznis] 비즈니스
　　n. 사업, 용건
□ **career** [kəríər] 커리어
　　n. 경력, 생애

□ **aim** [eim] 에임 n. 목적
□ **plan** [plæn] 플랜 n. 계획
□ **choice** [tʃɔis] 쵸이스
　　n. 선택, 선정

□ **chance** [tʃæns] 챈스
　　n. 우연, 기회
□ **hurry** [hə́:ri] 허리
　　n. 매우 급함, 서두름
□ **game** [geim] 게임
　　n. 놀이, 경기
□ **sport** [spɔ:rt] 스포트 n. 스포츠, 경기

□ **fun** [fʌn] 펀
　　n. 장난, 즐거운 놀이
□ **copy** [kápi] 카피 n. 사본, 복사

camp [kæmp] 캠프
n. 야영지, 캠프
story [stɔ́ːri]
스토리 n. 이야기
contest [kántest] 칸테스트
n. 경쟁, 경연
march [mɑːrtʃ]
마치 n. 행진, 행군
lie [lai] 라이
n. 거짓말, 허언

4 성격(Personality)

□ **careful** [kέərfəl] 케어펄
　a. 주의 깊은, 조심성 있는
□ **careless** [kέərlis] 케어리스
　a. 부주의한, 무관심한

□ **talkative** [tɔ́:kətiv] 토커티브
　a. 수다스러운, 말많은
□ **rude** [ruːd] 루드
　a. 버릇없는, 무례한
□ **patient** [péiʃənt]
　페이션트 a. 인내심이 강한
□ **cold** [kould] 코울드 a. 냉정한, 차가운

□ **shy** [ʃai] 샤이
　a. 소심한, 부끄럼타는

□ **diligent** [dílədʒənt] 딜러젼트 a. 근면한 부지런한
□ **open-minded** [óupənmáindid]
　오우펀마인디드 a. 편견이 없는

□ **jealous** [dʒéləs] 젤러스
  a. 질투심이 많은
□ **responsible** [rispánsəb-əl]
  리스판서벌 a. 책임있는

□ **moody** [mú:di] 무디
  a. 변덕스러운

□ **stubborn**
  [stʌ́bə:rn] 스터번
  a. 완고한, 고집센

□ **curious** [kjúəriəs]
  큐어리어스 a. 호기심 있는
□ **serious** [sí-əriəs]
  씨어리어스 a. 진지한
□ **sincere** [sinsíə:r]
  씬씨어 a. 성실한

□ **outgoing**
  [áutgòuiŋ] 아우트고잉
  a. 사교적인, 개방적인

□ **depressed**
  [diprést] 디프레스트
  a. 우울한, 의기소침한

□ **wicked** [wíkid] 위키드
  a. 심술궂은, 사악한

□ **mild** [maild] 마일드 a. 온화한
□ **wise** [waiz] 와이즈 a. 현명한, 슬기로운
□ **honest** [ánist] 아니스트 a. 정직한
□ **modest** [mádist] 마디스트 a. 겸손한
□ **polite** [pəláit] 펄라이트 a. 공손한, 예의바른

□ **merry** [méri] 메리
  a. 명랑한, 상냥한

□ **brave** [breiv]
  브레이브 a. 용감한

□ **lazy** [léizi] 레이지
  a. 게으른, 나태한
□ **boring** [bɔ́:riŋ] 보링
  a. 지루한, 따분한
□ **stupid** [stjú:pid]
  스튜피드 a. 어리석은

□ **generous** [dʒénərəs]
제너러스 a. 관대한

□ **delicate** [délikət]
델리컷 a. 섬세한

□ **credible** [krédəbəl] 크레더벌
a. 신용(신뢰)할 수 있는

□ **selfish** [sélfiʃ] 셀
피시 a. 이기적인

□ **negative** [négətiv] 네거티브
a. 소극적인, 부정적인

□ **active** [ǽktiv] 액티브
a. 활동적인, 적극적인

□ **positive** [pázətiv] 파저티브
a. 긍정적인

1 수(Number)

□ *cardinal number
[ká:rdənl nʌ́mbə:r] 카더늘 넘버
n. 기수

□ one [wʌn] 원 n. a. 하나(의)
□ two [tu:] 투 n. a. 둘(의)
□ three [θri:] 쓰리 n, a. 셋(의)
□ four [fɔ:r] 포 n, a. 넷(의)
□ five [faiv] 파이브 n, a. 다섯(의)
□ six [siks] 씩스 n, a. 여섯(의)
□ seven [sév-ən] 쎄번 n, a. 일곱(의)
□ eight [eit] 에이트 n, a. 여덟(의)

☐ **nine** [nain] 나인
n, a. 아홉(의)

☐ **ten** [ten] 텐 n, a. 열(의)

☐ **eleven** [ilévən] 일레번
n, a. 열하나(의)

☐ **twelve** [twelv] 투엘브
n, a. 열둘(의)

☐ **thirteen** [θə̀:rtí:n] 써틴
n, a. 열셋(의)

☐ **fourteen** [fɔ́:rtí:n] 포틴
n, a. 열넷(의)

☐ **fifteen** [fíftí:n] 피프틴
n, a. 열다섯(의)

☐ **sixteen** [síkstí:n] 씩스틴
n, a. 열여섯(의)

☐ **seventeen** [sév-əntí:n] 쎄번틴 n, a. 열일곱(의)

☐ **eighteen** [éití:n] 에이틴 n, a. 열여덟(의)

□ **nineteen** [náintí:n] 나인틴
n, a. 열아홉(의)

□ **twenty** [twénti] 투엔티
n, a. 스물(의)

□ **thirty** [θə́:rti] 써티 n, a. 서른(의)
□ **forty** [fɔ́:rti] 포티 n, a. 마흔(의)
□ **fifty** [fífti] 피프티 n, a. 쉰(의)
□ **sixty** [síksti] 씩스티 n, a. 예순(의)
□ **seventy** [sév-ənti] 쎄번티 n, a. 일흔(의)
□ **eighty** [éiti] 에이티 n, a. 여든(의)

□ **ninety** [náinti] 나인티 n, a. 아흔(의)
□ **hundred** [hʌ́ndrəd] 헌드레드 n, a. 백(의)
□ **thousand** [θáuz-ənd] 싸우전드 n, a. 천(의)
□ **million** [míljən] 밀리언 n, a. 백만(의)
□ **billion** [bíljən] 빌리언 n, a. 십억(의)

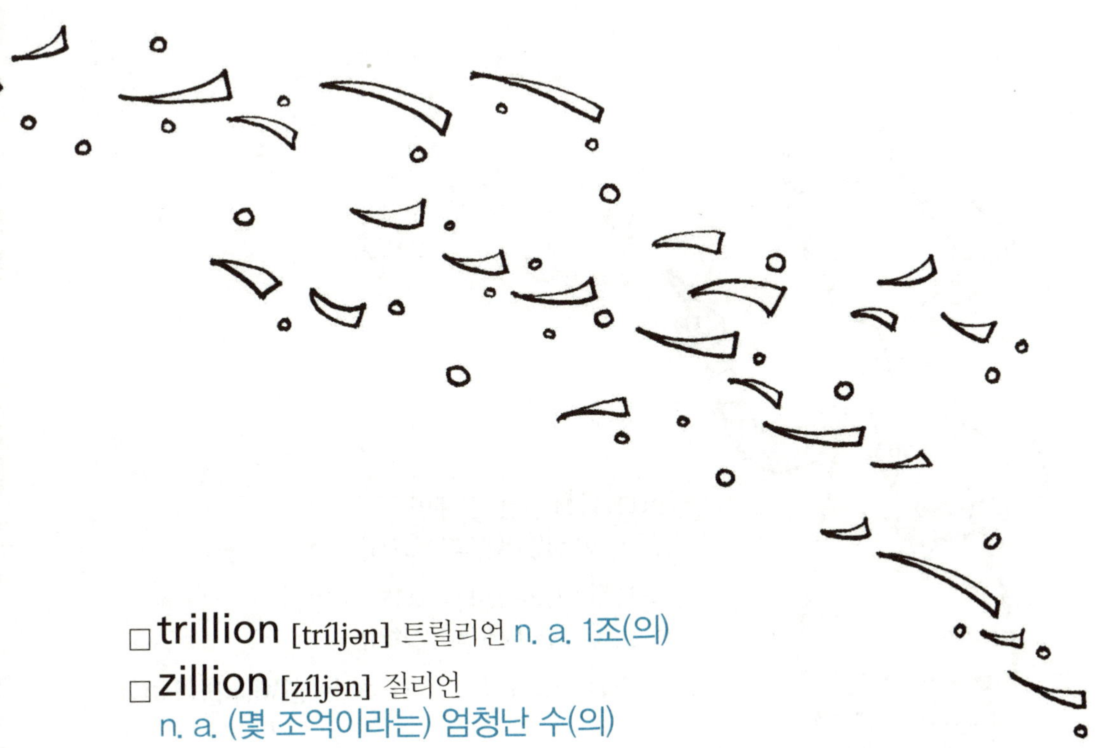

□ **trillion** [tríljən] 트릴리언 n. a. 1조(의)
□ **zillion** [zíljən] 질리언
　　n. a. (몇 조억이라는) 엄청난 수(의)

☐ *ordinal number [ɔ́:rdənəlnʌ́mbə:r] 오더널넘버 n. 서수

☐ **first** [fə:rst] 퍼스트 n. a. 첫번째(의) (1st)
☐ **second** [sék-ənd] 쎄컨드 n. a. 두번째(의) (2nd)
☐ **third** [θə:rd] 써드 n. a. 세번째(의) (3rd)
☐ **fourth** [fɔ:rθ] 포쓰 n. a. 네번째(의) (4th)
☐ **fifth** [fifθ] 피프쓰 n. a. 다섯(번)째(의) (5th)
☐ **sixth** [siksθ] 씩스쓰 n. a. 제6, 여섯번째(의) (6th)
☐ **seventh** [sév-ənθ] 쎄번쓰
   n. a.일곱번째(의) (7th)

☐ **eighth** [eitθ] 에잇쓰
   n. a. 여덟번째(의) (8th)
☐ **ninth** [nainθ] 나인쓰
   n. a. 아홉번째(의) (9th)
☐ **tenth** [tenθ] 텐쓰 n. a. 열번째(의) (10th)

□ **eleventh** [ilévənθ] 일레번쓰 n. a. 열한번째(의) (11th)
□ **twelfth** [twelfθ] 투엘프쓰 n. a. 열두번째(의) (12th)
□ **thirteenth** [θə̀:rtí:nθ] 써틴쓰 n. a. 열세번째(의) (13th)
□ **fourteenth** [fɔ̀:rtí:nθ] 포틴쓰 n. a.열네번째(의) (14th)
□ **fifteenth** [fìftí:nθ] 피프틴쓰 n. a. 열다섯번째(의) (15th)

□ **sixteenth** [sìkstí:nθ] 씩스틴쓰 n. a. 열여섯번째(의) (16th)
□ **seventeenth** [sèv-əntí:nθ] 쎄번틴쓰 n. a. 열일곱번째(의) (17th)
□ **eighteenth** [èití:nθ] 에이틴쓰 n. a.열여덟번째(의) (18th)
□ **nineteenth** [nàintí:nθ] 나인틴쓰 n. a. 열아홉번째(의) (19th)
□ **twentieth** [twéntiiθ] 투엔티이쓰
   n. a. 제20(의), 스무번째(의) (20th)

□ **thirtieth** [θə́:rtiiθ] 써티이쓰 n. a.서른번째(의) (30th)
□ **fortieth** [fɔ́:rtiiθ] 포티이쓰 n. a.마흔번째(의) (40th)
□ **hundredth** [hʌ́ndrədθ] 헌드러드쓰 n. a. 백번째(의) (100th)
□ **thousandth** [θáuz-əndθ] 싸우전드쓰 n. a. 천번째(의)
□ **millionth** [míljənθ] 밀리언쓰 n. a. 백만번째(의)
□ **billionth** [bíljənθ] 빌리언쓰 n. a. 십억번째(의)

□ **once** [wʌns] 원스 ad. 한번
□ **twice** [twais] 트와이스 ad. 두 번
□ **three times** [θri:taimz] 쓰리타임즈 ad. 세 번, 세배
□ **addition** [ədíʃən] 어디션 n. 덧셈
□ **subtraction** [səbtrǽkʃən] 썹트랙션 n. 빼기, 뺄셈
□ **multiplication** [mʌ̀ltəplikéiʃ-ən]
    멀터플리케이션 n. 곱셈

□ **division** [divíʒən] 디비젼 n. 나눗셈
□ **side** [said] 싸이드
   n. 면(앞뒤, 상하, 좌우, 안팎)
□ **straight** [streit]
   스트레이트 n. 일직선

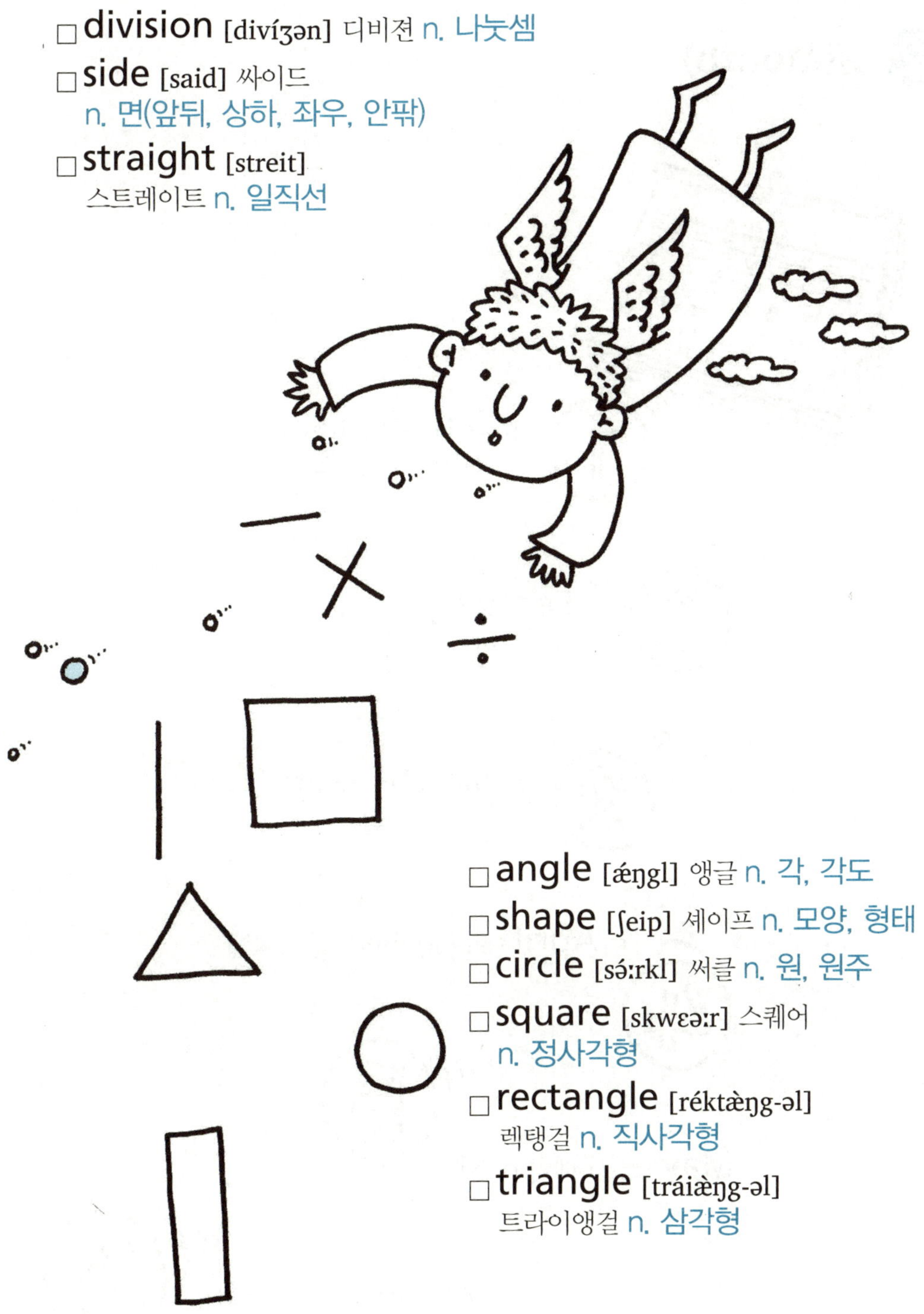

□ **angle** [ǽŋgl] 앵글 n. 각, 각도
□ **shape** [ʃeip] 셰이프 n. 모양, 형태
□ **circle** [sə́:rkl] 써클 n. 원, 원주
□ **square** [skwɛə:r] 스퀘어
   n. 정사각형
□ **rectangle** [réktæ̀ŋg-əl]
   렉탱걸 n. 직사각형
□ **triangle** [tráiæ̀ŋg-əl]
   트라이앵걸 n. 삼각형

② 달(Month)

□ **January** [dʒǽnjuèri]
재뉴어리 n. 1월

□ **February** [fébruèri]
페브루어리 n. 2월

□ **March** [mɑːrtʃ]
마치 n. 3월

□ **April** [éiprəl] 에이프럴 n. 4월

□ **May** [mei] 메이 n. 5월

□ **June** [dʒuːn] 쥰 n. 6월

□ **November** [nouvémbə:r]
노우벰버 n. 11월

□ **December** [disémbər]
디쎔버 n. 12월

□ **October** [ɑktóubər]
악토우버 n. 10월

□ **September** [səptémbər]
썹템버 n. 9월

□ **August** [ɔ́:gəst] 오거스트 n. 8월

□ **July** [dʒu:lái] 쥴라이 n. 7월

③ 공휴일(Holiday)과 특별한 날(Special day)

- birthday [bə́:rədèi] 버쓰데이 n. 생일
- Lunar New Years Day
  [lú:nər nju:jiə:rs dei] 루너뉴이어스데이 n. 설날
- Korean Thanksgiving Day
  [kərí:ən θǽŋksgíviŋ dei] 커리언쌩스기빙데이 n. 추석날
- Christmas [krísməs] 크리스머스 n. 성탄절 (~Day)
- Valentines Day
  [vǽləntàinz dei] 밸런타인즈데이 n. 발렌타인데이
- The 60th birthday
  [ðə síkstiiθ bə́:rədèi] 더씩스티이쓰버쓰데이 n. 환갑
- Childrens Day [tʃíldrənz dei] 칠드런즈데이 n. 어린이날

☐ **Arbor Day** [á:rbər dei] 아버데이 n. 식목일
☐ **Parents Day** [péərənts dei] 페어런츠데이 n. 어버이날
☐ **anniversary** [ænəvə́:rsəri] 애너버서리 n. 기념일
☐ **New Years (Day)** [nju: jə:rz (dei)] 뉴이어즈(데이) n. 신정
☐ **Independence Movement Day**
   [ìndipéndəns mú:vmənt dei] 인디펜던스무브먼트데이 n. 독립운동일

☐ **Independence Day**
   [ìndipéndəns dei] 인디펜던스데이 n. 광복절
☐ **Teachers Day** [tí:tʃə:rz dei] 티쳐즈데이 n. 스승의 날
☐ **Memorial Day** [mimɔ́:riəl dei] 미모리얼데이 n. 현중일
☐ **Constitution Day** [kànstətjú:ʃən dei]
   칸스터튜션데이 n. 제헌절
☐ **foundation Day** [faundéiʃ-ən dei] 파운데이션데이 n. 개천절

☐ **Hangul Proclamation Day**
[háːŋgul pràkləméiʃən dei] 한글프라클러메이션데이 n. 한글날

☐ **Halloween** [hǽləwíːn] 핼러윈
n. 모든 성인의 날 전야 (10월 31일)

☐ **100th day after birth** [hʌ́ndrədə dei ǽftər bəːrə]
헌드럳쓰데이애프터버쓰 n. 백일

☐ **the first birthday (anniversary)**
[ðə fəːrst bə́ːrədèi (ænəvə́ːrsəri)]
더퍼스트버쓰데이(애너버서리) n. 돌(돐)

☐ **wedding anniversary** [wédiŋ ænəvə́ːrsəri]
웨딩애너버서리 n. 결혼기념일

□ **housewarming party** [haus wɔ́:rmiŋ pá:rti]
하우스워밍파티 n. 집들이파티

□ **surprise party** [sərpráiz pá:rti] 써프라이즈파티 n. 깜짝파티

□ **farewell party** [fɛ̀ərwél pá:rti] 페어웰파티 n. 송별회

□ **welcome party** [wélkəm pá:rti] 웰컴파티 n. 환영회

□ **year-end party** [jíə:rénd pá:rti]
이어엔드파티 n. 송년회

□ **Easter** [í:stər] 이스터 n. 부활절

□ **summer solstice** [sʌ́mər sálstis]
써머쌀스티스 n. 하지

□ **winter solstice** [wíntə:r sálstis] 윈터쌀스티스 n. 동지

□ **lunar calendar** [lú:nər kǽləndər] 루너캘런더 n. 음력

□ **solar calendar** [sóulə:r kǽləndər] 소울러캘런더 n. 양력

□ **leap year** [li:p jiə:r] 리프이어 n. 윤년

PART 2.
업무
(Business)

교통(Transportation)

1 탈것(Vehicle)

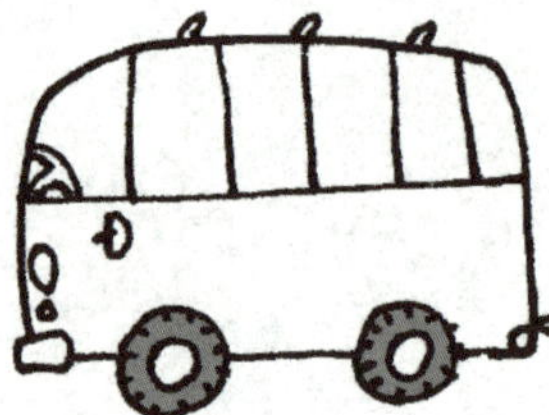

☐ **car** [kɑːr] 카 n. 자동차
(= automobile)

☐ **bus** [bʌs] 버스 n. 버스

☐ **train** [trein] 트레인 n. 열차, 기차

☐ **subway** [sʌ́bwèi] 썹웨이 n. 지하철

☐ **express** (train) [iksprés (trein)] 익스프레스(트레인) n. 급행열차

☐ **through train** [θruː trein] 쓰루트레인 n. 직행열차

☐ **freight train** [freit trein] 프레이트트레인 n. 화물열차

☐ **high-speed train** [hai-spiːd trein]
하이스피드트레인 n. 고속열차

☐ **airplane** [ɛ́ərplèin]
에어플레인 n. 비행기

□ **double-decker**
[dΛ́bəl-dékər] 더블데커 n. 이층버스

□ **tourist bus** [túːərist bΛs]
투어리스트버스 n. 관광버스

□ **truck** [trΛk] 트럭
n. 트럭, 화물자동차

□ **motor scooter**
[móutəːr skúːtəːr]
모우터스쿠터 n. 스쿠터

□ **ferry** [féri] 페리
n. (나룻)배, 연락선

□ **ship** [ʃip] 쉽 n. 배, 함(선)

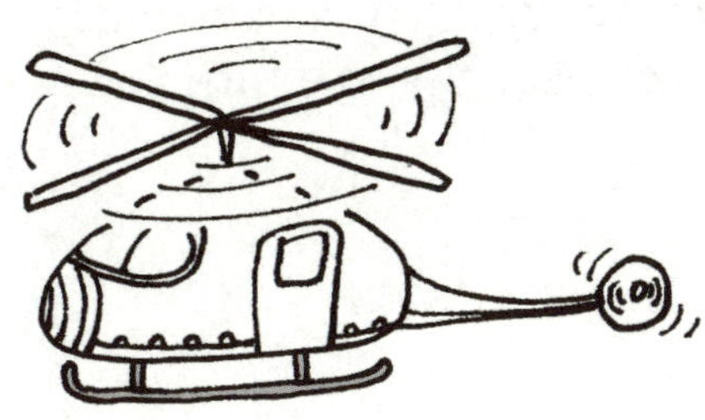

□ **helicopter** [hélikὰptər]
헬리캅터 n. 헬리콥터

□ **camper** [kǽmpər] 캠퍼
n. 캠프차(캠프트레일러)

□ **jeep** [dʒiːp] 지프 n. 지프

□ **yacht** [jɑt]
야트 n. 요트

□ **bicycle** [báisikəl]
바이시클 n. 자전거

□ **motorcycle** [móutəːrsàikl]
모우터싸이클 n. 오토바이

□ **convertible** [kənvə́ːrtəbəl]
컨버터블 n. (접는 포장이 달린)자동차, 오픈카

□ **dirt wagon** [dəːrt wǽgən]
더트왜건 n. 청소차, 쓰레기운반차

② 도로(Road)

- **railroad** [réilròud] 레일로우드 n. 철도

- **railroad crossing** [réilròudkrɔ́:siŋ]
  레일로우드크러싱 n. 철도 건널목

- **intersection** [ìntərsékʃən]
  인터쎅션 n. 교차점(로)

- **crossroad** [krɔ:śròud]
  크로스로우드 n. 십자로. 네거리

- **crosswalk** [krɔ:s wɔ̀:k] 크로스워크 n. 횡단보도

- **sidewalk** [sáidwɔ̀:k] 싸이드워크 n. 보도, 인도

- **one-way street** [wʌ́nwéi stri:t]
  원웨이스트리트 n. 일방통행로

- **side street** [said stri:t]
  싸이드스트리트 n. 골목, 옆길

□ **dirt road** [dəːrt roud] 더트로우드 n. 비포장도로

□ **national highway** [nǽʃənəl háiwèi] 내셔널하이웨이 n. 국도

□ **boulevard** [bú(:)ləvàːrd] 불러바드 n. 큰길, 대로

□ **shortcut** [ʃɔːrtkʌt] 쇼트컷 n. 지름길, 간단한

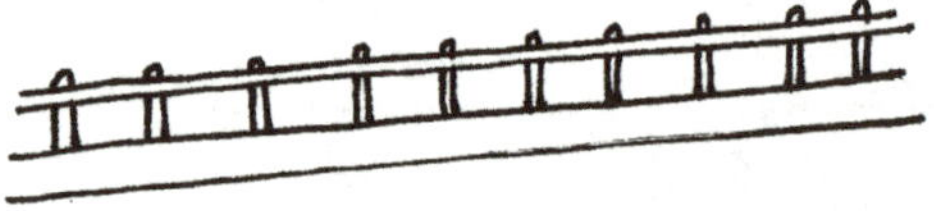

□ **underpass** [ʌ́ndərpæ̀s] 언더패스 n. 지하도 (= undercrossing)

□ **alley** [ǽli] 앨리 n. 뒷골목

□ **express highway** [iksprés háiwèi] 익스프레스하이웨이 n. 고속도로

□ **crash barrier** [kræʃ bǽriər] 크래시배리어 n. 가드레일, 고속방지턱

□ **hard shoulder** [hɑːrd ʃóuldəːr] 하드쇼울더 n. (고속도로의)갓길

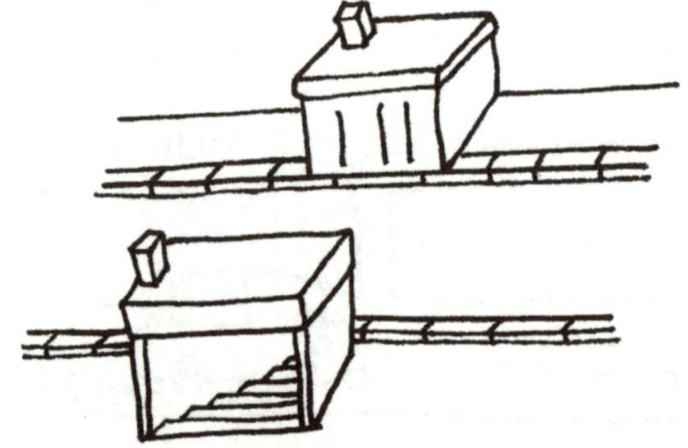

③ 부대시설 및 관련용어 (Subsidiary Facilities & Related Words)

□ **ticket window**
[tíkitwíndou]
티킷윈도우 n. 매표소

□ **fare** [fɛər] 페어 n. 운임

□ **advance** [ædvǽns] 애드밴스 n. 선불, 선금

□ **advance ticket** [ædvǽns tíkit]
애드밴스티킷 n. 예매권

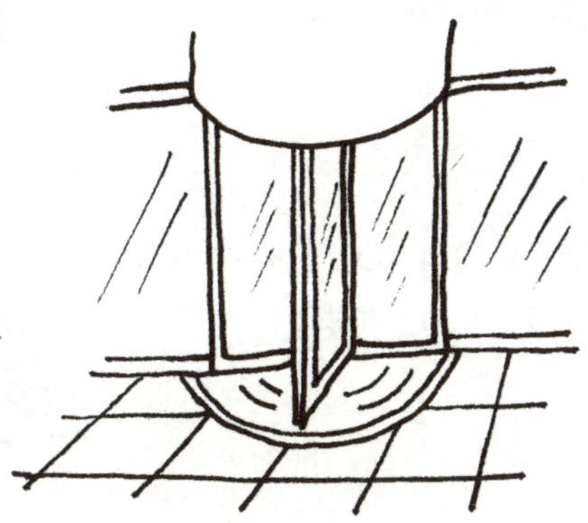

□ **turnstile** [tə́:rnstàil] 턴스타일
n. 십자형 회전식 문, 회전식 개찰구

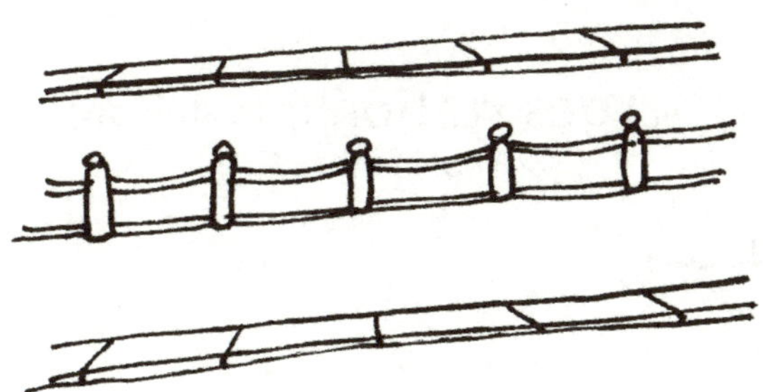

□ **median strip**
[mí:diən strip] 미디언스트립
n. 중앙분리대

115

□ **vending machine**
[véndiŋ məʃíːn] 벤딩머신
n. 자동판매기

□ **bus stop** [bʌs stap] 버스스탑 n. 버스정류장

□ **taxi stand** [tǽksi stǽnd] 택시스탠드
n. 택시승차장

□ **railroad station** [[réilròud stéiʃ-ən]
레일로우드스테이션 n. (철도)역

□ **parking lot** [páːrkiŋ lat]
파킹랏 n. 주차장

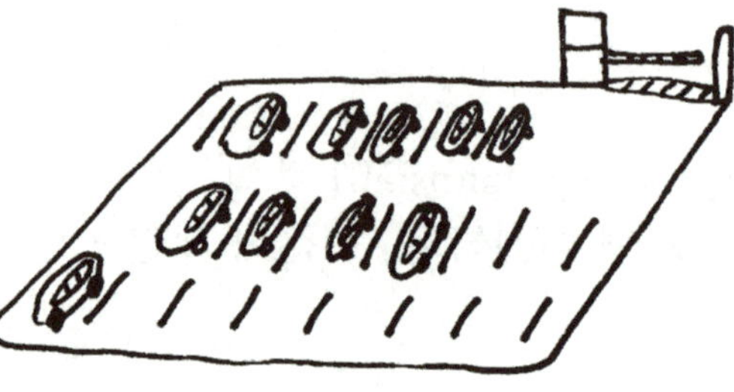

□ **gas station** [gæs stéiʃ-ən]
개스스테이션 n. 주유소

□ **traffic signal** [trǽfik sígn-əl] 트래픽씨그널 n. 교통신호

□ **drivers license** [dráivərz láis-əns]
드라이버즈라이썬스 n. 운전면허(증)

□ **seat belt** [siːt belt]
씨트벨트 n. 안전벨트

□ **steering wheel**
[stí-əriŋ hwiːl] 스티어링휠
n. (자동차의)핸들

□ **passenger**
[pǽsəndʒər] 패썬져
n. 승객

□ **traffic sign** [trǽfik sain]
트래픽싸인 n. 교통표지

□ **fine** [fain] 파인 n. 벌금

□ **speeding** [spíːdiŋ] 스피딩
　 n. 속도위반

□ **speed limit** [spiːd límit] 스피드리밋 n. 제한속도

□ **pedestrian** [pədéstriən]
　 퍼데스트리언 n. 보행자

□ **traffic jam** [trǽfik dʒæm] 트래픽잼 n. 교통혼잡(마비)

□ **no entry** [nou éntri]
　 노우엔트리 n. 출입(진입)금지

chapter 2

회사(Company)

1 사무실(Office)

□ **receptionist** [risépʃənist]
리셉셔니스트 n. 응접계(접수계)원

□ **elevator** [éləvèitər]
엘러베이터 n. 엘리베이터

□ **automatic door**
[ɔ̀:təmǽtik dɔːr] 오터매틱도어
n. 자동문

□ **facility** [fəsíləti] 퍼씰러티 n. 설비, 시설

□ **revolving door** [riválviŋ dɔːr] 리발빙도어 n. 회전문

□ **national holiday**
[nǽʃənél hálədèi] 내셔널할러데이
n. 국경일

□ **legal holiday** [líg-əl hálədèi]
리걸할러데이 n. 법정공휴일

□ **paid vacation** [peid veikéiʃən]
페이드베이케이션 n. 유급휴가

□ **smoking-room** [smóukiŋrùːm]
스모우킹룸 n. 흡연실

□ **smoke-free zone** [smoukˊfrì zoun]
스모우크프리조운 n. 금연구역

□ **equipment** [ikwípmənt]
이큅먼트 n. 장비, 비품

□ **file cabinet** [fail kǽbənit]
파일캐버닛 n. 서류정리함

□ **safe** [seif] 쎄이프 n. 금고

□ **drawer** [drɔ́ːər]
드로어 n. 서랍

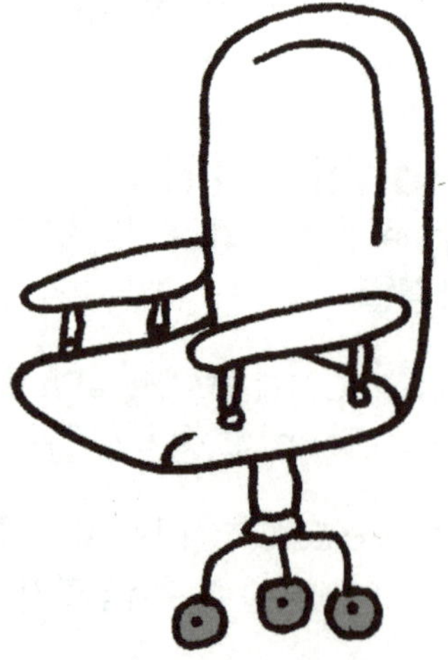

□ **swivel chair**
[swívəl tʃɛər] 스위벌체어
n. 회전의자

② 사무용품(Office supplies)

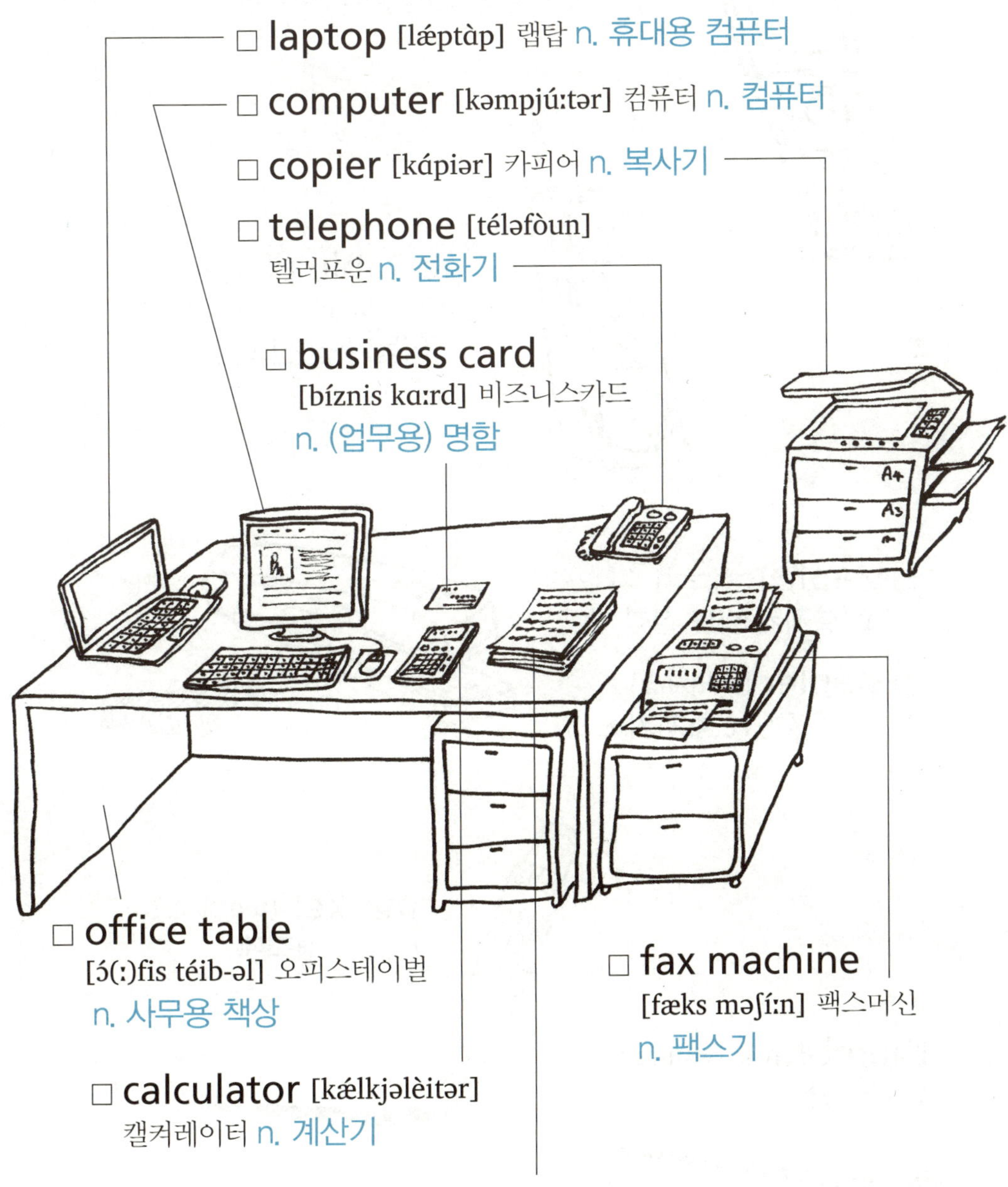

☐ **mobile phone** [móubəl foun]
모우벌포운 n. 이동전화기(휴대폰)

☐ **portable phone**
[pɔ́:rtəbəl foun] 포터벌포운
a. 이동(무선)전화기

☐ **staple** [stéip-əl] 스테이펄
n. (호지키스의) 철침

☐ **stapler** [stéiplə:r]
스테이플러 n. 호지키스

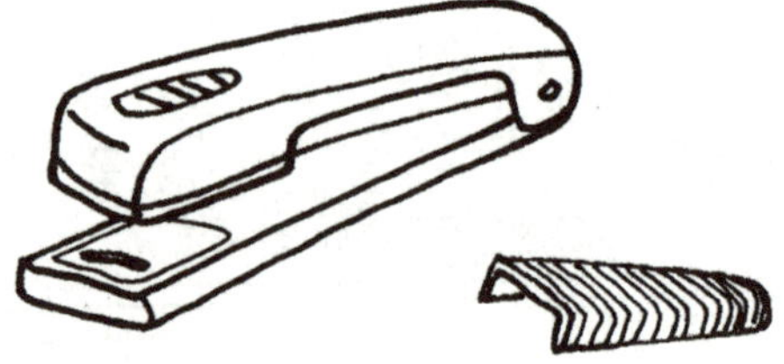

☐ **marker** [má:rkə:r]
마커 n. 매직펜

☐ **thumbtack** [θʌ́mtæk]
썸택 n. 압핀

□ **stationery** [stéiʃ-ənèri] 스테이셔네리 n. 문방구

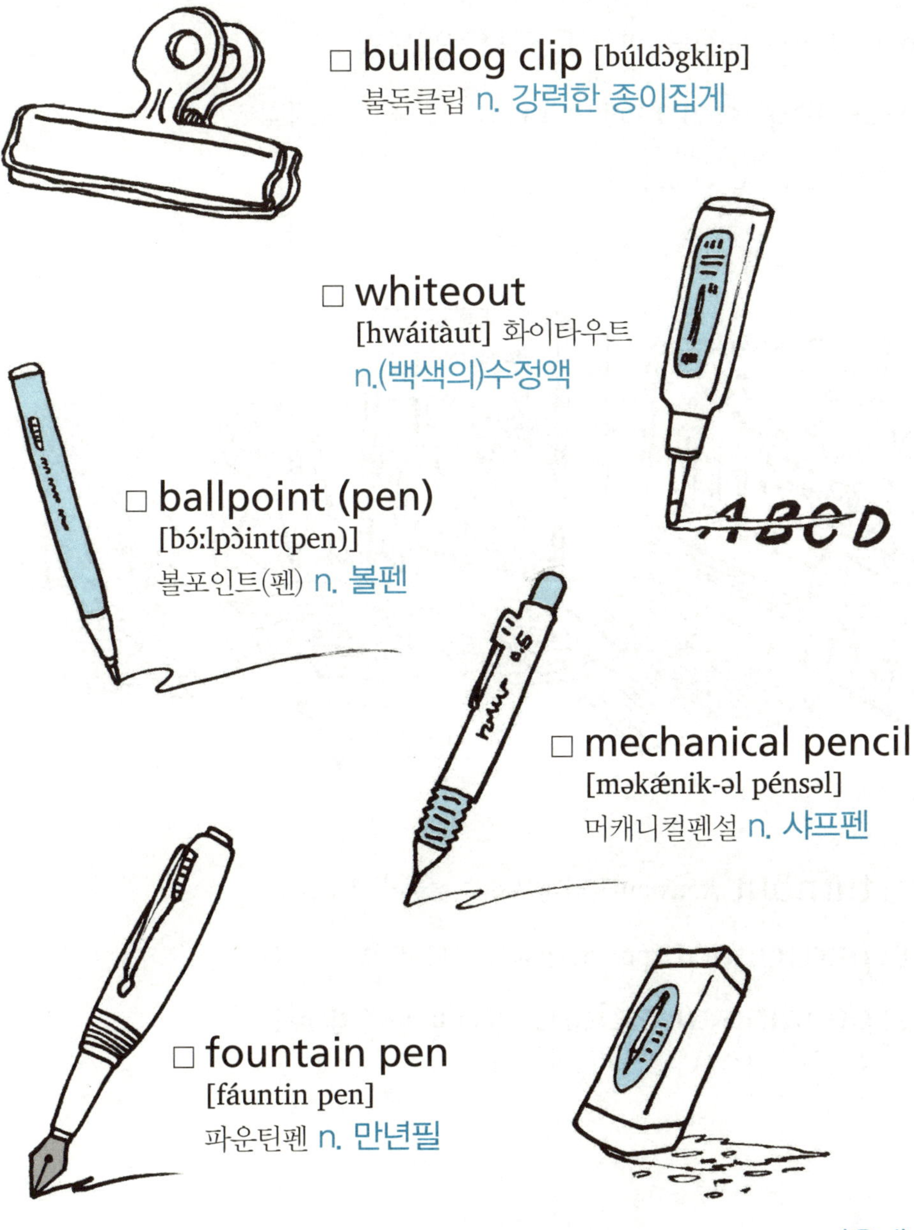

□ **bulldog clip** [búldɔ̀gklip]
불독클립 n. 강력한 종이집게

□ **whiteout**
[hwáitàut] 화이타우트
n.(백색의)수정액

□ **ballpoint (pen)**
[bɔ́:lpɔ̀int(pen)]
볼포인트(펜) n. 볼펜

□ **mechanical pencil**
[məkǽnik-əl pénsəl]
머캐니컬펜설 n. 샤프펜

□ **fountain pen**
[fáuntin pen]
파운틴펜 n. 만년필

□ **eraser** [iréizər] 이레이저 n. 지우개

③ 회의(Meeting)

□ **meeting** [míːtiŋ] 미팅 n. (일시적인)회의

□ **meeting room** [míːtiŋ ruːm] 미팅룸 n. 회의실

□ **agenda** [ədʒéndə] 어젠더 n. 안건, 의제

□ **turnout** [tə́ːrnàut] 터나우트 n. 출석자

□ **participant** [pɑːrtísəpənt] 파티서펀트 n. 참가자, 관여자

□ **pending questions** [péndiŋ kwéstʃənz]
펜딩퀘스쳔즈 n. 현안의 제문제

□ **chart** [tʃɑːrt] 챠트 n. 도표

□ **graph** [græf] 그래프 n. 그래프

□ **pending the negotiations** [péndiŋ ðə nigòuʃiéiʃənz]
펜딩더니고우시에이션즈 n. 교섭중

□ **discussion** [diskʌʃən] 디스커션 n. 토론, 심의

□ **negotiation** [nigòuʃiéiʃən] 니고우시에이션 n. 협상, 교섭

□ **contract** [kántrækt] 칸트랙트 n. 계약

□ **suggestion** [sədʒéstʃən] 써제스쳔 n. 제안

□ **conclusion** [kənklúːʒən] 컨클루전 n. 결말, 결론

□ **audience** [ɔ́ːdiəns] 오디언스 n. 청중, 청취

□ **session** [séʃ-ən] 쎄션 n. (일련의, 일정기간의)회의, 회기

□ **morning session** [mɔ́ːrniŋ séʃ-ən] 모닝쎄션 n. 조회, 조찬

□ **conference** [kánfərəns] 칸퍼런스 n. 회담, (정기적인)회의

□ **convention** [kənvénʃən] 컨벤션 n. 집회. 대회, 회의

□ **board of directors** [bɔːrd ʌv diréktərz]
보드어브디렉터즈 n. 이사(중역,임원)회

④ 회사(Company)

□ **interview** [íntərvjùː] 인터뷰 n. 면접

□ **resume** [rèzuméi] 레주메이 n. 이력서

□ **employment** [emplɔ́imənt] 엠플로이먼트 n. 고용

□ **work** [wəːrk] 워크 n. 일, 노동

□ **salary** [sǽləri] 쌜러리 n. 봉급

□ **bonus** [bóunəs] 보우너스
  n. 보너스, 상여금

□ **attendance** [əténdəns]
어텐던스 n. 출근

□ **absence** [ǽbsəns]
앱선스 n. 결근

□ **promotion** [prəmóuʃən]
프러모우션 n. 승진

□ **retirement** [ritáiəːrmənt]
리타이어먼트 n. 은퇴

□ **pension** [pénʃən] 펜션 n. 연금

□ **annuitant** [ənjúːətənt]
어뉴어턴트 n. 연금수령인

□ **resignation** [rèzignéiʃ-ən]
레지그네이션 n. 사직

☐ **establishment** [istǽbliʃmənt] 이스태블리시먼트 n. 설립, 창립

☐ **headquarters** [heɑ́kwɔ̀:rtərz] 헤드쿼터즈 n. 본사, 본부

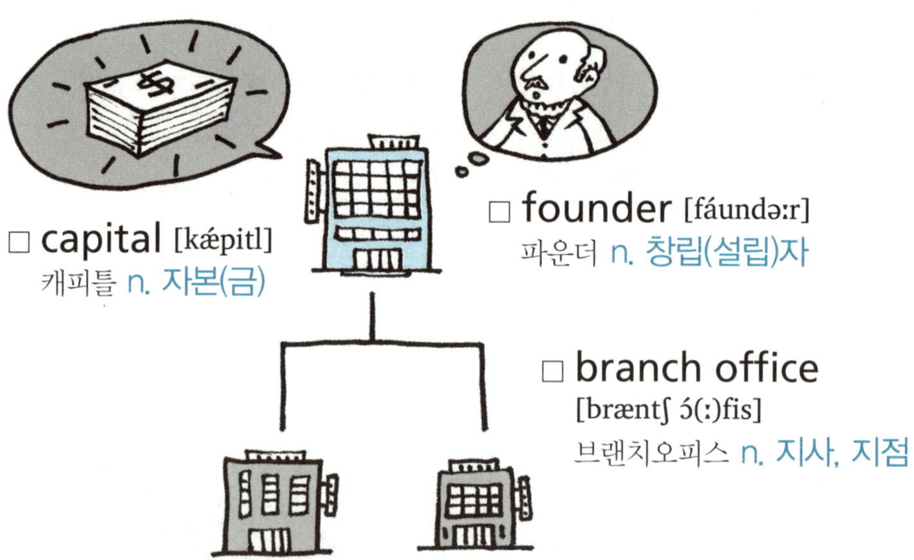

☐ **capital** [kǽpitl]
캐피틀 n. 자본(금)

☐ **founder** [fáundə:r]
파운더 n. 창립(설립)자

☐ **branch office**
[bræntʃ ɔ́(:)fis]
브랜치오피스 n. 지사, 지점

☐ **day off** [dei ɔf] 데이오프 n. 비번일, 휴일

☐ **sick leave** [sik li:v] 씩리브 n.병가

☐ **employer** [emplɔ́iər]
엠플로이어 n. 고용주

☐ **employee** [implɔ́ii:]
일플로이이 n. 고용인, 종업원

□ **management** [mǽnidʒmənt]
매니쥬먼트 n. 관리, 경영

□ **investment** [invéstmənt]
인베스트먼트 n. 투자

□ **surplus** [sə́:rplʌs]
써플러스 n. 흑자

□ **deficit** [défəsit]
데퍼싯 n. 적자

□ **product** [prádəkt]
프라덕트 n. 생산품

□ **transaction** [trænsǽkʃ-ən]
트랜쌕션 n. (업무)처리, 거래

□ **bankruptcy** [bǽŋkrəpsi]
뱅크럽시 n. 파산

□ **merger** [mə́:rdʒər]
머져 n. 합병

⑤ 지위(Position)

- **CEO(chief executive officer)**
[si:i:ou] 씨이오우 n. 최고경영책임자

- **chairman** [tʃɛə́rmən]
쳬어먼 n. 회장

- **president** [prézidənt]
프레지던트 n. 사장

- **supervisor**
[súːpərvàizər] 수퍼바이저
n. 관리(감독)자

- **director** [diréktər]
디렉터 n. 장, 관리자

- **executive director**
[igzékjətivdiréktər]
이그제커티브디렉터 n. 전무이사

- **managing director**
[mǽnidʒiŋdiréktər]
매니징디렉터 n. 상무이사

- **vice-president**
[váisprézədənt]
바이스프레저던트 n. 부사장

□ **department (general) manager**
[dipá:rtmənt mǽnidʒə:r] 디파트먼트매니저 n. 부장

□ **section(al) chief** [sékʃ-ən tʃi:f] 쎅션치프 n. 과장

□ **deputy** [dépjəti] 데퍼티 n. 대리

□ **assistant** [əsístənt]
어시스턴트 n. 조수, 보조자

□ **colleague** [káli:g]
칼리그 n. 동료

□ **secretary** [sékrətèri]
쎄크러테리 n. 비서

□ **newcomer** [njú:kʌmə:r]
뉴카머 n. 신입사원

□ **boss** [bɔ(:)s] 보스 n. 상사

□ **staff** [stæf] 스태프 n. 직원

⑥ 부서(Department)

□ **section** [sékʃ-ən] 쎅션 n. 과

□ **audit department** [ɔ́:dit dipá:rtmənt]
오딧디파트먼트 n. 감사부

□ **planning department**
[plǽniŋ dipá:rtmənt]
플래닝디파트먼트 n. 기획부

□ **accounting department**

[əkáuntiŋ dipá:rtmənt]]
어카운팅디파트먼트 n. 경리부

□ **general affairs department**
[ʤénərəl əfɛərz dipáːrtmənt]
제너럴어페어즈디파트먼트 n. 총무부

□ **personnel department**
[pèːrsənél dipáːrtmənt] 퍼서넬디파트먼트 n. 인사부

□ **sales department**
[seilz dipáːrtmənt]
쎄일즈디파트먼트 n. 영업부

□ **secretariat** [sèkrətɛ́-əriət]
쎄크러테어리엇 n. 비서실

chapter 3

직업(Occupation)

□ **judge** [dʒʌdʒ] 져쥬 n. 판사

□ **public prosecutor**
[[pʌ́blik prásəkjùːtər]
퍼블릭프라서큐터 n. 검사

□ **lawyer** [lɔ́ːjəːr] 로이여
n. 법률가, 변호사

□ **professor** [prəfésər]
프러페서 n. 교수

□ **teacher** [tíːtʃəːr]
티쳐 n. 교사

□ **soldier** [sóuldʒəːr]
쏘울져 n. (육군)군인

□ **singer** [síŋəːr]
씽어 n. 가수

□ **dancer** [dǽnsər]
댄서 n. 무용가

□ **veterinarian** [vètərənέəriən]
베터러네어리언 n. 수의사

□ **doctor** [dάktər] 닥터 n. 의사

□ **surgeon** [sə́:rdʒən]
써젼 n. 외과의사

□ **physician** [fizíʃən]
피지션 n. 내과의사

□ **dentist** [déntist] 덴티스트
　　n. 치과의사

□ **hairdresser** [hέərdrèsər]
헤어드레서 n. 미용사

□ **barber** [bά:rbər]
바버 n. 이발사

□ **nurse** [nə:rs]
너스 n. 간호사

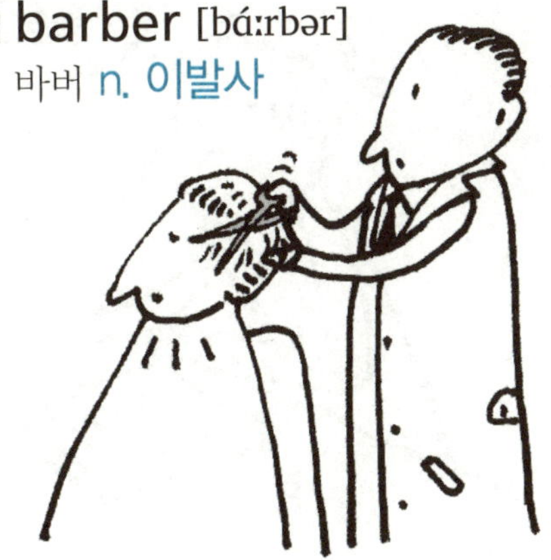

□ **pharmacist** [fά:rməsist]
파머시스트 n. 약사

□ **cook** [kuk] 쿡 n. 요리사

□ **baker** [béikər] 베이커 n. 제빵사

□ **taxi driver** [tǽksidráivər]
택시드라이버 n. 택시기사

□ **writer** [ráitəːr] 라이터 n. 작가

□ **novelist** [návəlist]
나벌리스트 n. 소설가

□ **fisherman** [fíʃərmən]
피셔먼 n. 어부

□ **farmer** [fáːrmər] 파머 n. 농부

□ **homemaker**
[hoúmmèikər] 호움메이커
n. 주부 (= housewife)

□ **housekeeper**
[hauskì:pər] 하우스키퍼
n. 가정부

□ **reporter** [ripó:rtə:r]
리포터 n. 보도기자

□ **carpenter** [káːrpəntər]
카펀터 n. 목수

□ **physicist** [fízisist]
피지시스트 n. 물리학자

□ **scientist** [sáiəntist]
싸이언티스트 n. 과학자

□ **chemist** [kémist]
케미스트 n. 화학자

□ **astronaut** [ǽstrənɔ̀ːt]
애스터러노트 n. 우주비행사

□ **president**
[prézidənt] 프레지던트
n. 대통령

□ **sanitation worker**
[sǽnətéiʃ-ən wə́ːrkə:r]
쌔너테이션워커 n. 청소원

□ **public officer** [pʌ́blik ɔ́(ː)fisər]
퍼블릭오피서 n. 공무원

□ **fire fighter** [faiər fáitər]
파이어파이터 n. 소방관

□ **policeman** [pəlíːsmən]
펄리스먼 n. 경찰관

□ **pilot** [páilət]
파일럿 n. 조종사

□ **stewardess**
[stjúːərdis] 스튜어디스
n. 스튜어디스(여승무원)

□ **steward** [stjúːərd] 스튜어드
n. 스튜어드(남자승무원)

□ **conductor** [kəndʌ́ktər]
컨덕터 n. (음악)지휘자

□ **musician** [mjuːzíʃ-ən]
뮤지션 n. 음악가

□ **architect** [áːrkitèkt]
아키텍트 n. 건축가

□ **businessman** [bíznismæ̀n]
비즈니스맨 n. 실업가

□ **messenger** [mésəndʒər]
메선저 n. 배달인

□ **artist** [áːrtist]
아티스트 n. 화가

□ **composer** [kəmpóuzər]
컴포우저 n. 작곡가

□ **actor** [ǽktər] 액터 n. 남자배우

□ **actress** [ǽktris]
액트리스 n. 여자배우

□ **director** [diréktər]
디렉터 n. (영화)감독

□ **accountant** [əkáuntənt]
어카운턴트 n. 회계사

□ **interpreter** [intə́:rprətər]
인터프러터 n. 통역(자)

□ **priest** [pri:st]
프리스트 n. 성직자

□ **translator** [trænsléitə:r]
트랜스레이터 n. 번역가

□ **comedian** [kəmí:diən]
커미디언 n. 코미디언, 희극배우

□ **announcer** [ənáunsər]
어나운서 n. 아나운서

□ **engineer** [èndʒəníər]
엔저니어 n. 엔지니어, 기사

□ **designer** [dizáinər]
디자이너 n. 디자이너

□ **diplomat** [dípləmæt]
디플러매트 n. 외교관

□ **detective** [ditéktiv]
디텍티브 n. 탐정, 형사

chapter 4

학교(School)

1 조직(Organization)

□ **kindergarten** [kíndərgà:rtn]
킨더가튼 n. 유치원

□ **elementary school** [èləméntəri sku:l]
엘러멘터리스쿨 n. 초등학교

□ **junior high school**
[dʒú:njər hai sku:l]
쥬니어하이스쿨 n. 중학교

□ **senior high school**
[sí:njər hai sku:l]
씨니어하이스쿨 n. 고등학교

□ **auditorium** [ɔ:ditɔ́:riəm]
오디토리엄 n. 강당

□ **infirmary** [infə́:rməri]
인퍼머리 n. 양호실

□ **playground** [pleígràund]
플레이그라운드 n. 운동장

□ **gymnasium** [ʤimnéiziəm]
짐네이지엄 n. 체육관

□ **school cafeteria** [sku:l kæ̀fitíəriə]
스쿨캐피티어리어 n. 학교식당

□ **college** [kɑ́lidʒ] 칼리지 n. 단과대학

□ **university** [jùːnəvə́ːrsəti]
유너버서티 n. 종합대학

□ **graduate school** [grǽdʒuèit skuːl]
그래쥬에잇스쿨 n. 대학원

□ **dormitory** [dɔ́ːrmətəri]
도머터리 n. 기숙사

□ **library** [láibrəri]
라이브러리 n. 도서관

□ **resting room** [réstiŋ rum]
레스팅룸 n. 휴게실

□ **lecture room**
[léktʃəːr rum]
렉쳐룸 n. 강의실

□ **faculty room** [fǽkəlti rum] 패컬티룸 n. 교무실(교직원실)

□ **laboratory** [lǽb-ərətɔ̀ːri] 래버러토리 n. 실험실

2 교실(Classroom)

□ **education** [èdʒukéiʃən]
에쥬케이션 n. 교육

□ **class** [klæs] 클래스 n. 학급

□ **grade** [greid] 그레이드 n. (초,중.고등학교의) 학년

□ **examination** [igzæmənéiʃən]
이그재머네이션 n. 시험

□ **term paper** [təːrm péipər]
텀페이퍼 n. 학기말 레포트

□ **homework** [hoúmwə̀rk]
호움워크 n. 숙제

□ **scholarship** [skáləːrʃip]
스칼러십 n. 장학금

□ **report card** [ripɔ́ːrt kɑːrd]
리포트카드 n. 성적표

□ **transcript** [trǽnskript]
트랜스크립트 n. 성적증명서

□ **tuition** [tjuːíʃ-ən] 튜이션 n. 수업료

□ **diploma** [diplóumə] 디플로우머 n. 졸업증서

□ **lesson** [lésn] 레쓴 n. 수업

□ **curriculum** [kəríkjələm]
커리큘럼 n. 교육과정

□ **semester** [siméstər] 씨메스터 n. 한학기

□ **reference book**
[réf-ərəns buk]
레퍼런스북 n. 참고서적

□ **textbook** [tékstbùk] 텍스트북 n. 교과서

□ **major** [méidʒəːr] 메이져 n. 전공과목

□ **degree** [digríː] 디그리 n. 학위

□ **credit** [krédit] 크레딧 n.(이수)단위, 학점

□ **yearbook** [jíəːrbùk] 이어북 n. 졸업기념앨범

③ 학과목(Subject)

□ **elective(course)** [iléktiv]
일렉티브 n. 선택과목

□ **liberal arts** [líb-ərəl ɑːrts]
리버럴아츠 n. 일반교양과목

□ **required subject**
[rikwáiəːrd sʌ́bdʒikt] 리콰이어드썹직트 n. 필수과목

□ **Korean language**
[kəríːən lǽŋgwidʒ]
커리언랭귀지 n. (한)국어

□ **linguistics** [liŋgwístiks]
링귀스틱스 n. 언어학

□ **mathematics** [mǽθ-əmǽtiks]
매써매틱스 n. 수학

□ **algebra** [ǽldʒəbrə] 앨져브러
n. 대수(학)

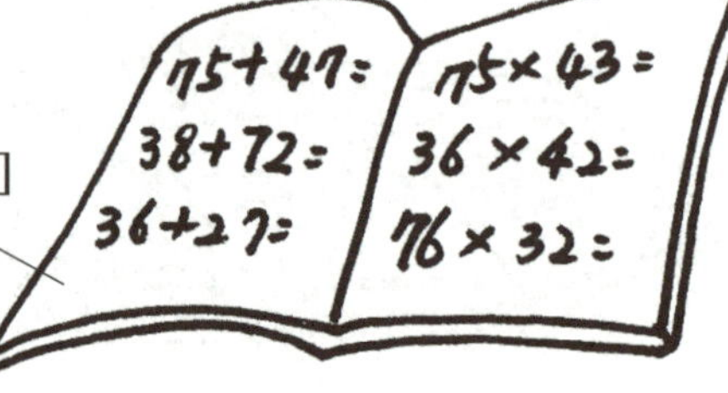

□ **history** [hístəri] 히스터리 n. 역사

□ **science** [sáiəns]
싸이언스 n. 과학

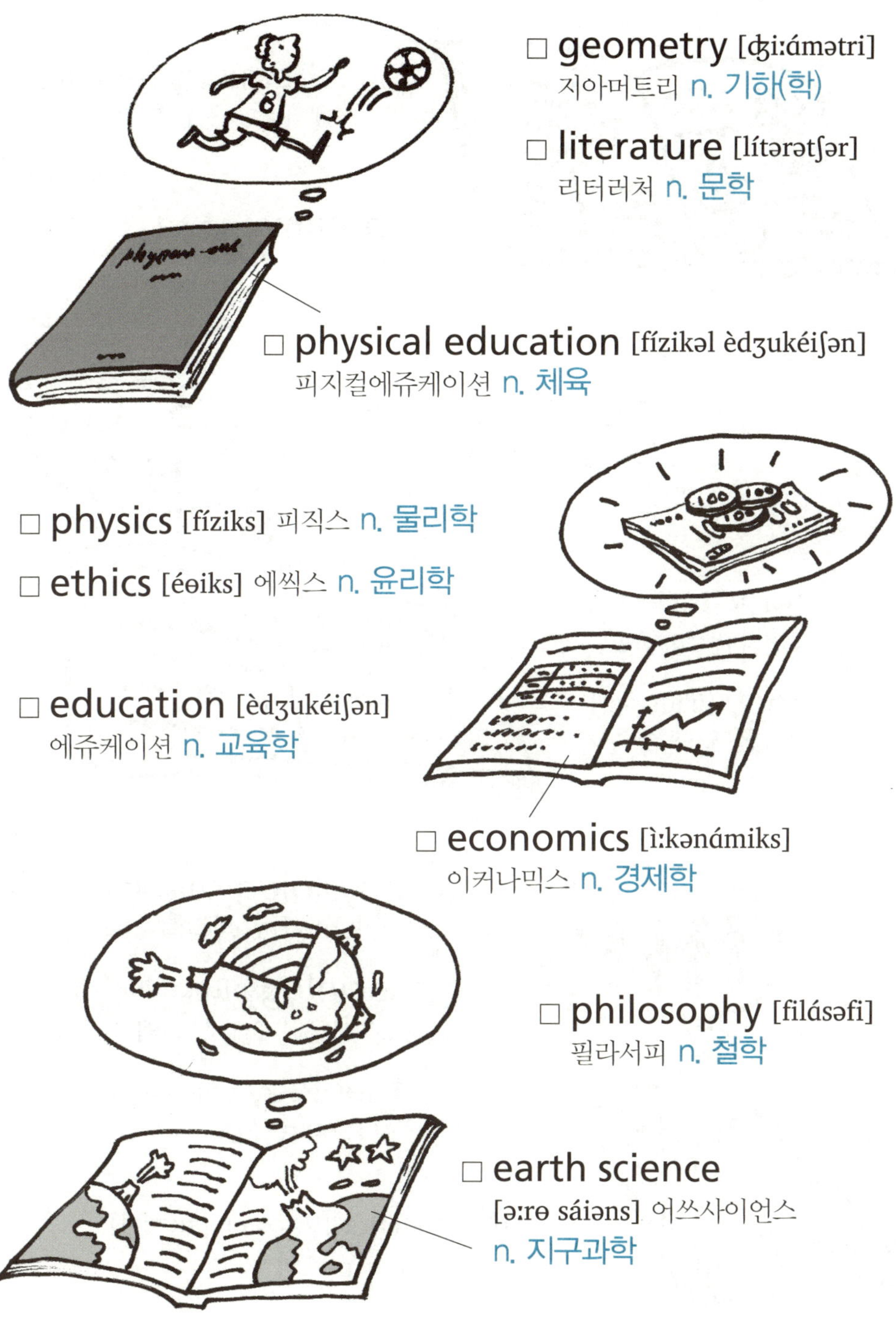

□ **geometry** [ʤi:ámətri]
지아머트리 n. 기하(학)

□ **literature** [lítərətʃər]
리터러처 n. 문학

□ **physical education** [fízikəl èdʒukéiʃən]
피지컬에쥬케이션 n. 체육

□ **physics** [fíziks] 피직스 n. 물리학

□ **ethics** [éθiks] 에씩스 n. 윤리학

□ **education** [èdʒukéiʃən]
에쥬케이션 n. 교육학

□ **economics** [ì:kənámiks]
이커나믹스 n. 경제학

□ **philosophy** [filásəfi]
필라서피 n. 철학

□ **earth science**
[ə:rθ sáiəns] 어쓰사이언스
n. 지구과학

□ **chemistry** [kémistri]
케미스트리 n. 화학

□ **botany** [bátəni]
바터니 n. 식물학

□ **English literature**
[íŋgliʃ [lítərətʃər]
잉글리시리터러쳐 n. 영문학

□ **biology** [baiáLədʒi]
바이알러지 n. 생물학

□ **ecology** [i:káLədʒi]
이칼러지 n. 생태학

□ **physiology** [fìziáLədʒi]
피지알러지 n. 생리학

□ **sociology** [sòusiáLədʒi]
쏘우시알러지 n. 사회학

□ **theology** [θi:áLədʒi]
씨알러지 n. 신학

□ **anthropology** [æ̀nθərəpáLədʒi]
앤쓰러팔러지 n. 인류학

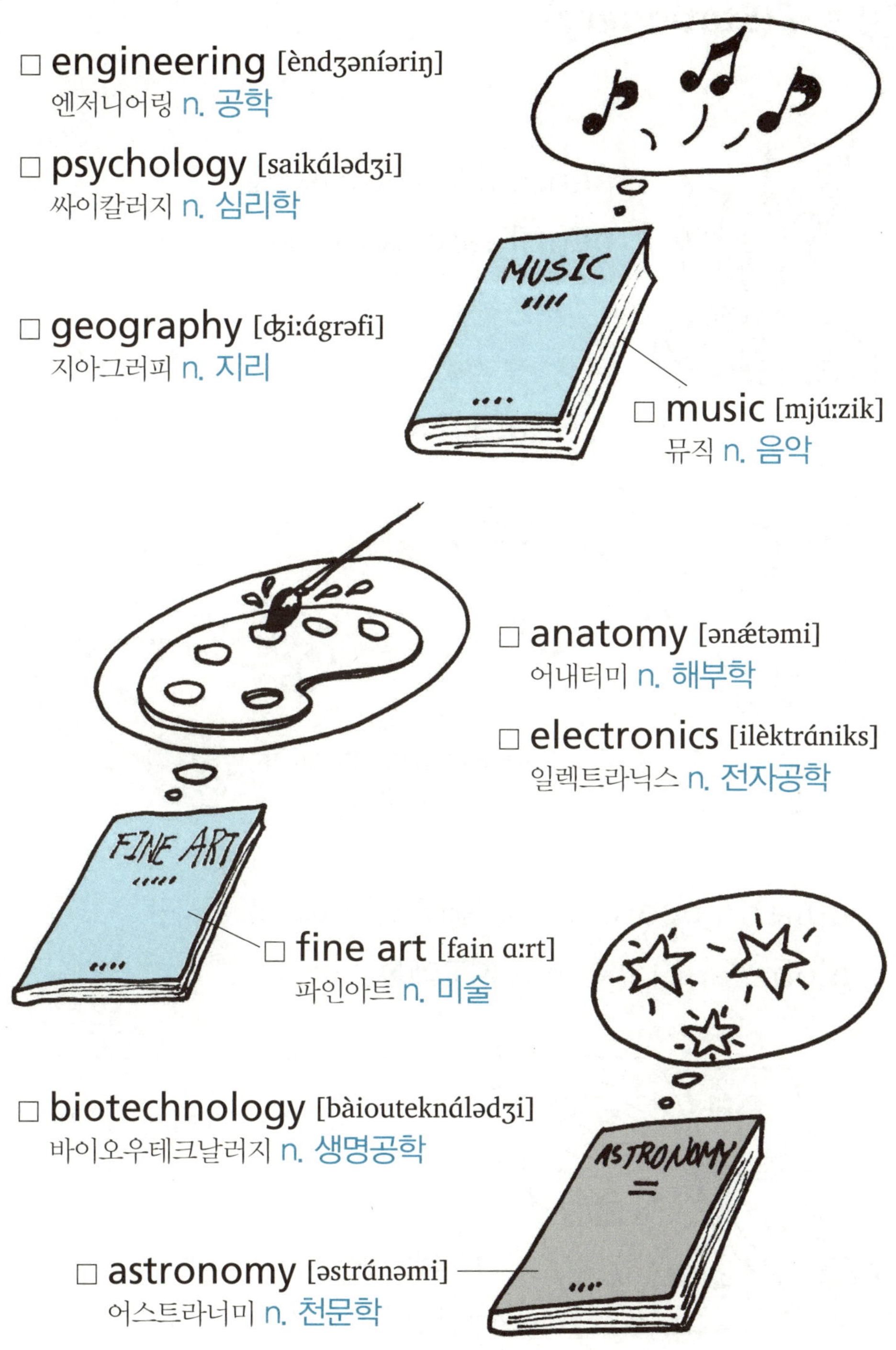

□ **engineering** [èndʒəníəriŋ]
엔저니어링 n. 공학

□ **psychology** [saikálədʒi]
싸이칼러지 n. 심리학

□ **geography** [dʒi:ágrəfi]
지아그러피 n. 지리

□ **music** [mjú:zik]
뮤직 n. 음악

□ **anatomy** [ənǽtəmi]
어내터미 n. 해부학

□ **electronics** [ilèktrániks]
일렉트라닉스 n. 전자공학

□ **fine art** [fain ɑ:rt]
파인아트 n. 미술

□ **biotechnology** [bàiouteknálədʒi]
바이오우테크날러지 n. 생명공학

□ **astronomy** [əstránəmi]
어스트라너미 n. 천문학

④ 문구(Stationery)

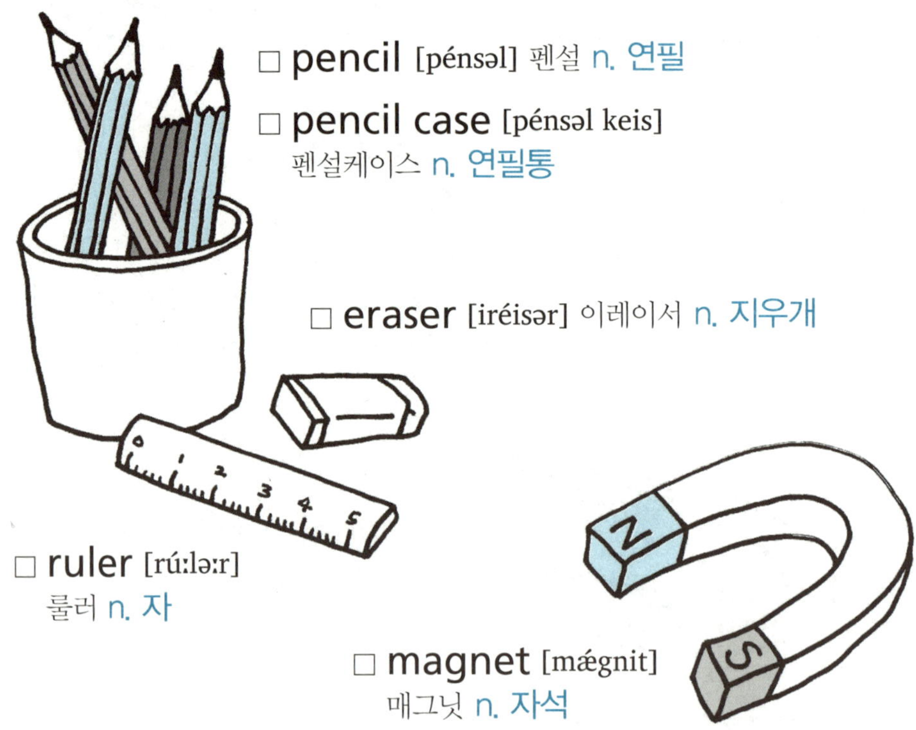

☐ **pencil** [pénsəl] 펜설 n. 연필

☐ **pencil case** [pénsəl keis]
펜설케이스 n. 연필통

☐ **eraser** [iréisər] 이레이서 n. 지우개

☐ **ruler** [rú:lə:r]
룰러 n. 자

☐ **magnet** [mǽgnit]
매그닛 n. 자석

☐ **bulletin board** [búlətin bɔːrd] 불러틴보드 n. 게시판

☐ **globe** [gloub] 글로우브 n. 지구의(본)

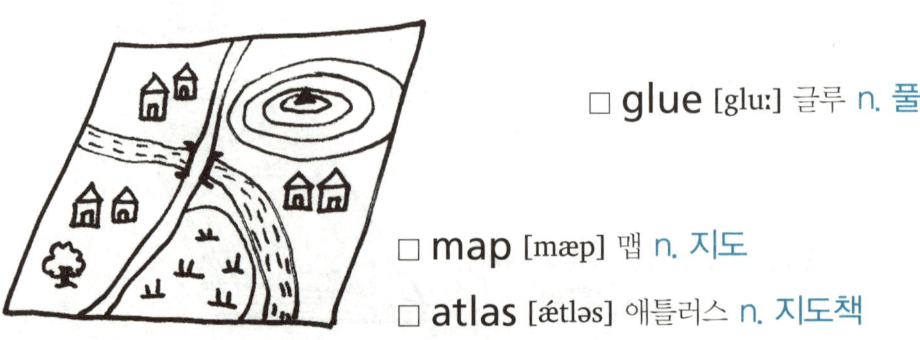

☐ **glue** [glu:] 글루 n. 풀

☐ **map** [mæp] 맵 n. 지도

☐ **atlas** [ǽtləs] 애틀러스 n. 지도책

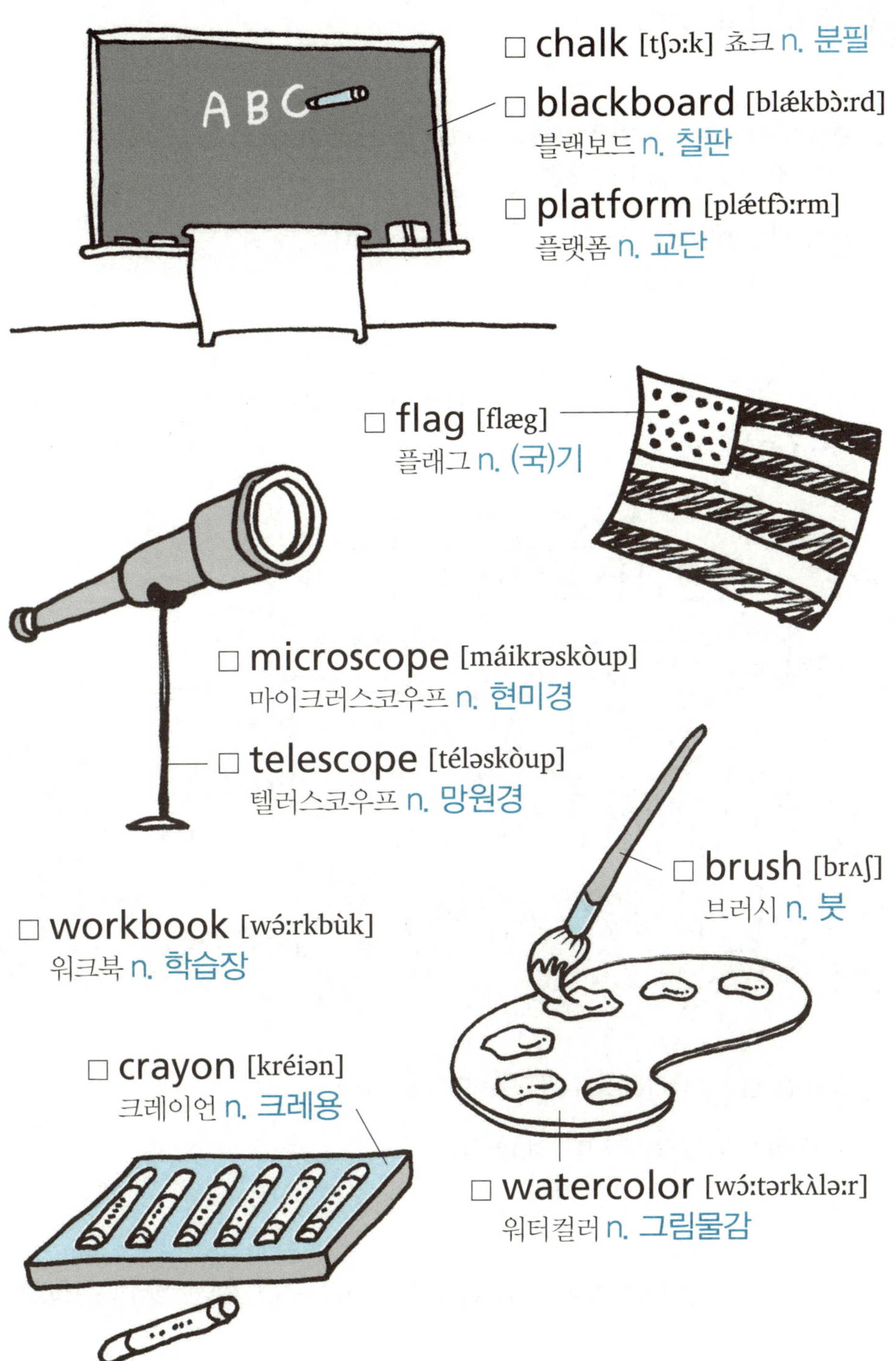

□ **chalk** [tʃɔːk] 쵸크 n. 분필

□ **blackboard** [blǽkbɔ̀ːrd]
블랙보드 n. 칠판

□ **platform** [plǽtfɔ̀ːrm]
플랫폼 n. 교단

□ **flag** [flæg]
플래그 n. (국)기

□ **microscope** [máikrəskòup]
마이크러스코우프 n. 현미경

□ **telescope** [téləskòup]
텔러스코우프 n. 망원경

□ **brush** [brʌʃ]
브러시 n. 붓

□ **workbook** [wə́ːrkbùk]
워크북 n. 학습장

□ **crayon** [kréiən]
크레이언 n. 크레용

□ **watercolor** [wɔ́ːtərkʌ̀ləːr]
워터컬러 n. 그림물감

⑤ 행사(Event)

□ **entrance ceremony** [éntrəns sérəmòuni]
엔트런스쎄러모우니 n. 입학식

□ **graduation** (ceremony)[græʤuéiʃən]
그래쥬에이션 n. 졸업식

□ **commencement** [kəménsmənt]
커멘스먼트 n. 졸업식, 학위수여식

□ **field day** [fi:ld dei] 필드데이 n. 운동회

□ **school festival** [sku:l féstəvəl]
스쿨페스터벌 n. 학교축제

□ **homecoming** [houmkʌ̀miŋ] 호움커밍 n. 동창회

□ **anniversary of the opening of a school**
[ǽnəvə́:rsəri əv ði óupəniŋ əv ə sku:l]
애너버서리어브디오우퍼닝어브어스쿨 n. 개교기념일

□ **school trip** [sku:l trip] 스쿨트립 n. 수학여행

□ **excursion** [ikskə́:rʒən] 익스커전 n. 소풍, 수학여행

□ **entrance examination** [éntrəns igzæ̀mənéiʃən]
엔트런스이그재머네이션 n. 입학시험

□ **midterm** [mídtə̀:rm] 밋텀 n. 중간시험

□ **final** [fáinəl] 파이널 n. 기말시험

□ **teacher's day** [tí:tʃə̀:rz dei] 티쳐즈데이 n. 스승의 날

⑥ 교직원(Faculty)

□ **teacher** [tíːtʃəːr]
티처 n. 교사

□ **professor** [prəfésər]
프러페서 n. 교수

□ **full professor** [ful prəfésər]
풀프러페서 n. 정교수

□ **associate professor**
[əsóuʃièit prəfésər]
어쏘우시에이트프러페서 n. 부교수

□ **assistant professor**
[əsístənt prəfésər]
어씨스턴트프러페서 n. 조교수

□ **tutor** [tjúːtəːr] 튜터 n. 강사

□ **lecturer** [léktʃ-ərəːr] 렉처러 n. 강연자, 강사

□ **instructor** [instrʌ́ktər] 인스트럭터 n. 전임강사

□ **dean** [diːn] 딘 n. 학장

□ **president** [prézidənt] 프레지던트 n. 총장, 교장

⑦ 학생(Student)

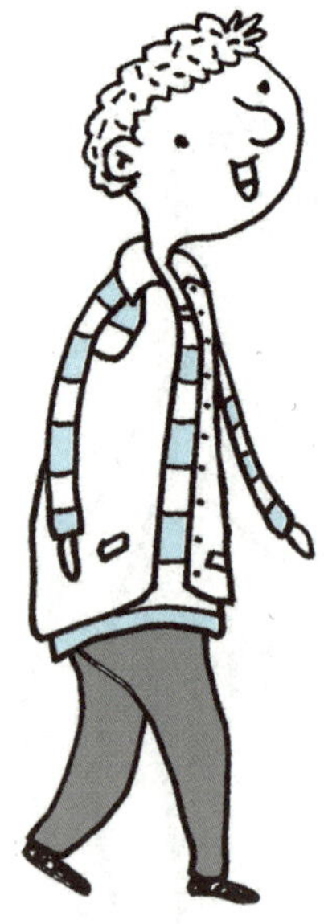

□ **student**
[stjú:d-ənt] 스튜던트
n. 학생(미국: 중학생이상)

□ **pupil** [pjú:pəl]
퓨펄 n. 초, 중학생

□ **freshman** [fréʃmən]
프레시먼 n. 대학 1년생

□ **sophomore**
[sάf-əmɔ̀:r] 싸퍼모
n. 대학 2년생

□ **junior** [dʒú:njər]
쥬니어 n. 대학 3년생

□ **senior** [sí:njər]
씨니어 n. 대학 4년생

□ **graduate** [grǽdʒuit] 그래쥬잇
n. (대학)졸업자

□ **graduate student** [grǽdʒuit stjú:d-ənt]
그래쥬잇스튜던트 n. 대학원생

- □ **bachelor** [bǽtʃələr] 배철러 n. 학사
- □ **master** [mǽstəːr] 매스터 n. 석사
- □ **doctor** [dάktər] 닥터 n. 박사

- □ **classmate** [klǽsmèit] 클래스메이트 n. 동급생, 급우

- □ **alumnus** [əlʌ́mnəs] 얼럼너스 n. (남자)동창생
- □ **alumna** [əlʌ́mnə] 얼럼너 n. (여자)동창생

PART 3.
일상생활
(Daily Life)

병원(Hospital)

□ **clinic** [klínik] 클리닉 n. 개인(전문)병원

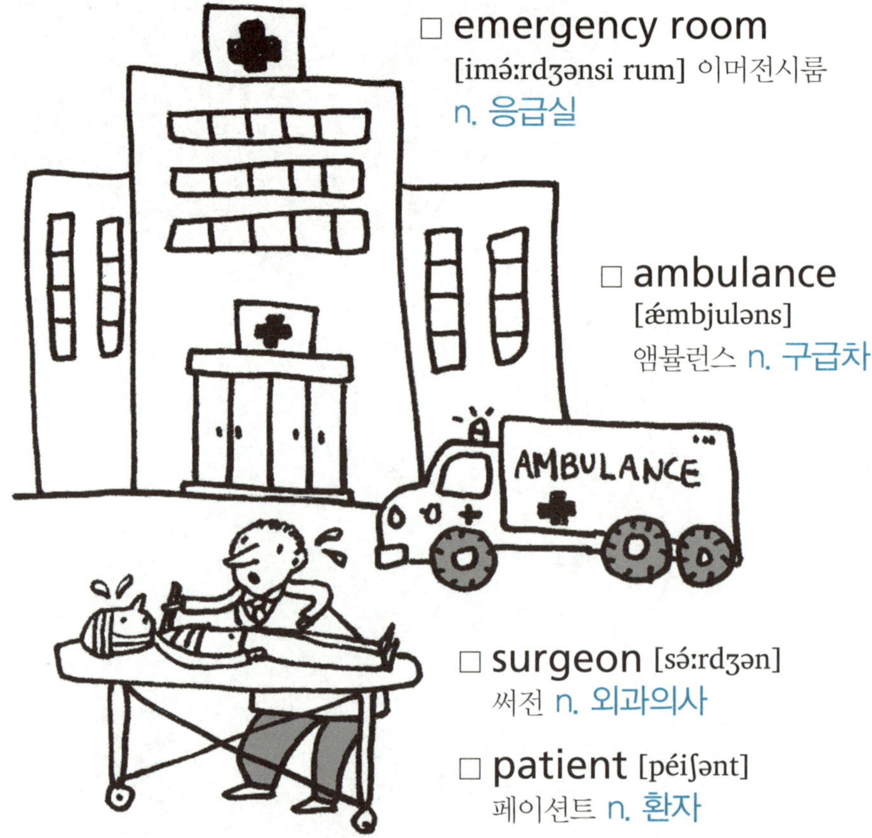

□ **emergency room**
[imə́:rdʒənsi rum] 이머전시룸
n. 응급실

□ **ambulance**
[ǽmbjuləns]
앰뷸런스 n. 구급차

□ **surgeon** [sə́:rdʒən]
써전 n. 외과의사

□ **patient** [péiʃənt]
페이션트 n. 환자

□ **surgery** [sə́:rdʒəri] 써저리 n. 외과

□ **operation** [àpəréiʃən] 아퍼레이션 n. 수술

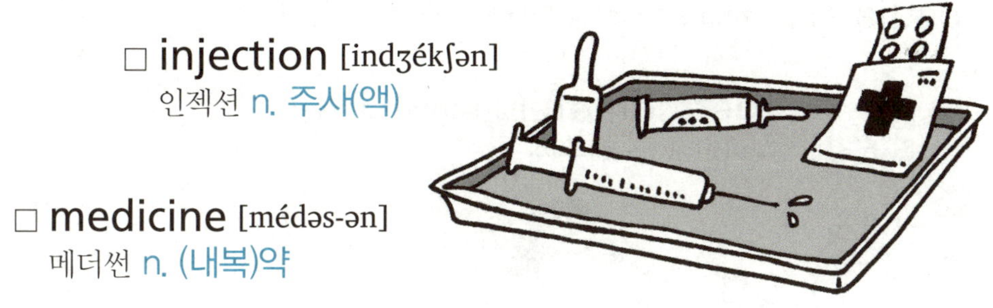

□ **injection** [indʒékʃən]
인젝션 n. 주사(액)

□ **medicine** [médəs-ən]
메더썬 n. (내복)약

□ **ointment** [ɔ́intmənt] 오인트먼트 n. 연고, 고약

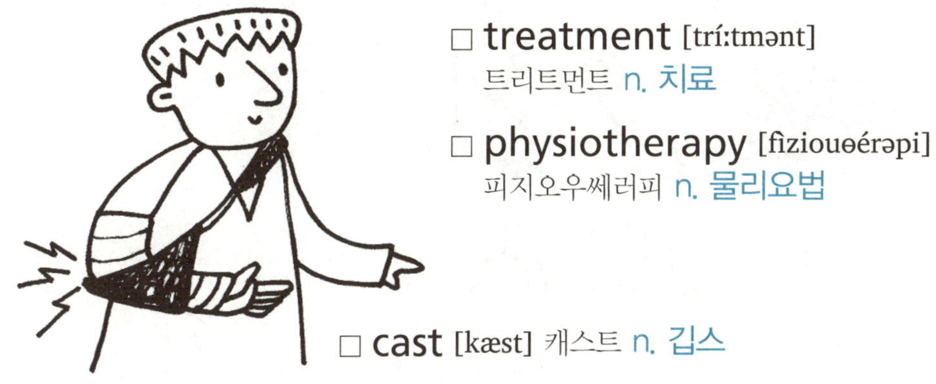

□ **treatment** [trí:tmənt]
트리트먼트 n. 치료

□ **physiotherapy** [fìziouθérəpi]
피지오우쎄러피 n. 물리요법

□ **cast** [kæst] 캐스트 n. 깁스

□ **internal department**
[intə́:rnəl dipá:rtmənt]
인터널디파트먼트 n. 내과

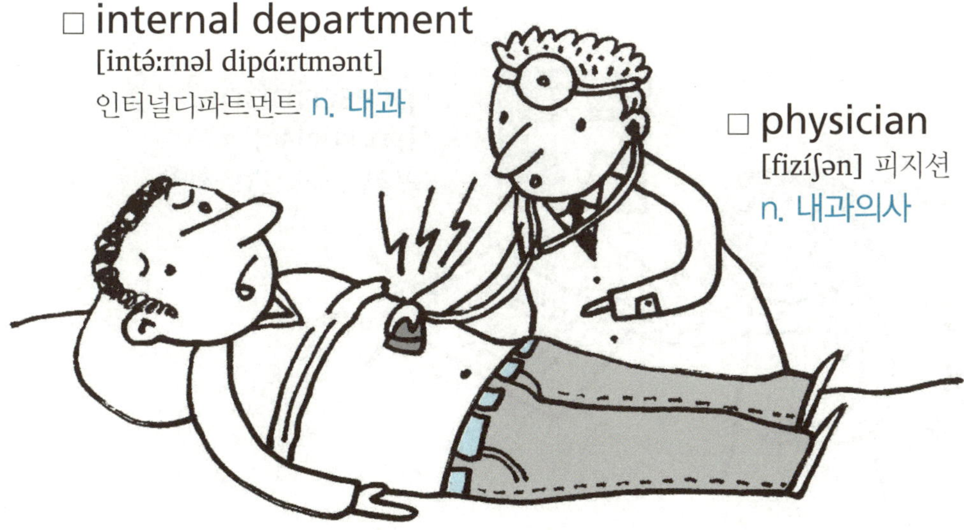

□ **physician**
[fizíʃən] 피지션
n. 내과의사

☐ **pediatrics** [pìːdiǽtriks] 피디애트릭스 n. 소아과

☐ **thermometer** [θəːrmámitəːr] 써마미터 n. 체온계

☐ **pediatrician** [pìːdiətríʃən] 피디어트리션 n. 소아과의사

☐ **dermatology** [dəːrmətálədʒi] 더머탈러지 n. 피부과

☐ **prescription** [priskrípʃən] 프리스크립션 n. 처방전

□ **plastic surgery** [plǽstik sə́:rdʒəri]
플래스틱써저리 n. 성형외과

□ **oculist** [ákjəlist] 아키어리스트 n. 안과의사

□ **dentist** [déntist]
덴티스트 n. 치과의사

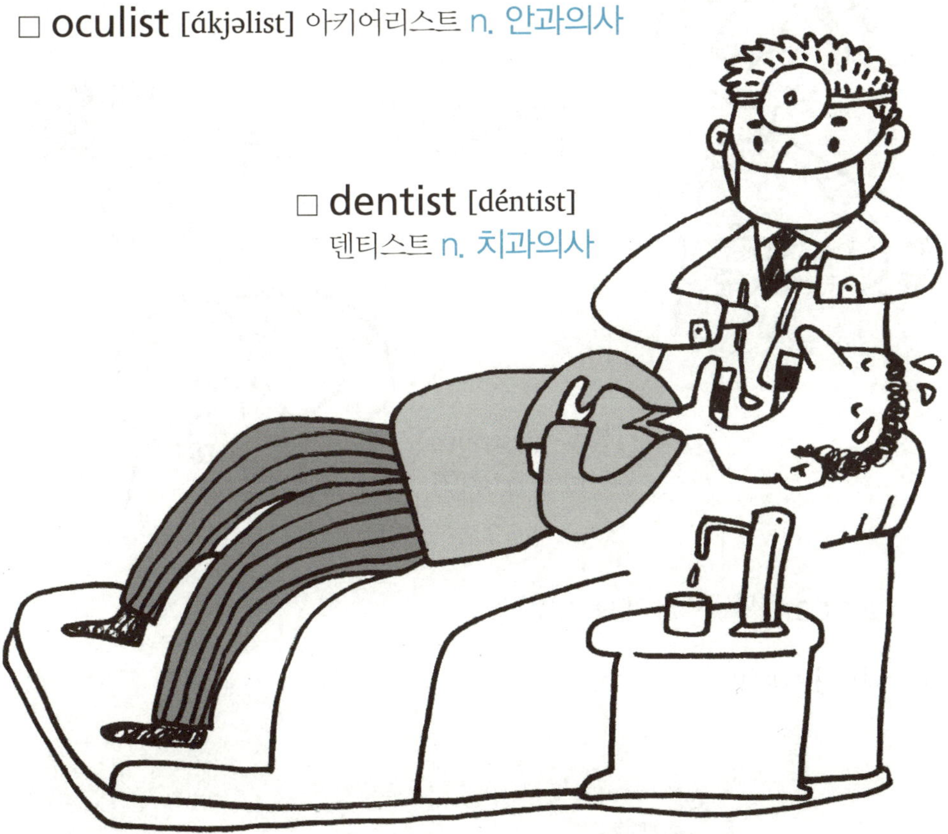

□ **obstetrics** [əbstétriks] 업스테트릭스 n. 산과(학)

□ **gynecology** [gàinikáləʤi] 가이니칼러지 n. 부인과

1 질병(Disease)

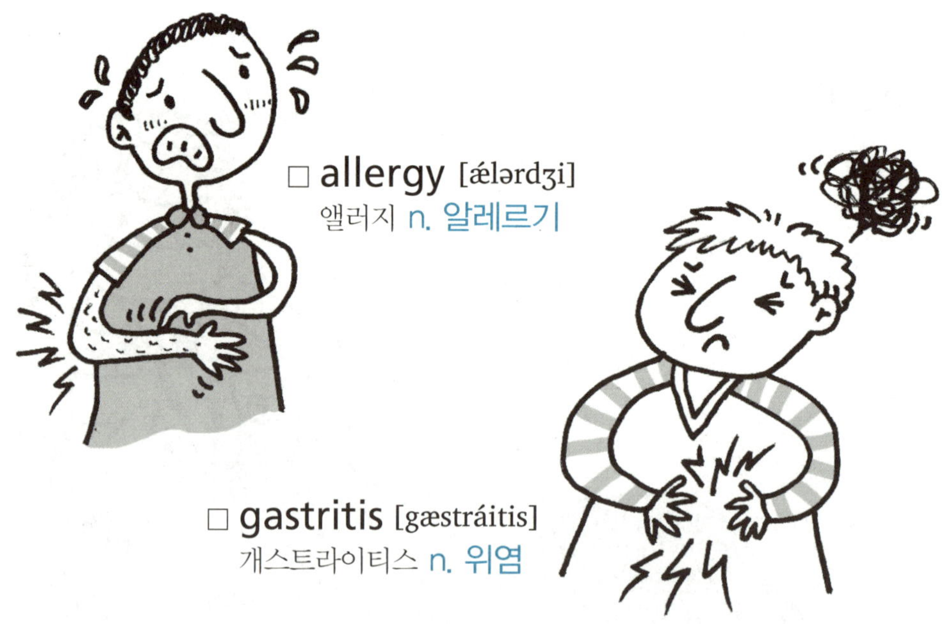

□ **allergy** [ǽlərdʒi]
앨러지 n. 알레르기

□ **gastritis** [gæstráitis]
개스트라이티스 n. 위염

□ **cancer** [kǽnsər] 캔써 n. 암

□ **lung cancer** [lʌŋ kǽnsər] 렁캔써 n. 폐암

□ **influenza** [ìnfluénzə]
인플루엔저 n. 독감 (= flu)

□ **cold** [kould] 코울드 n. 감기

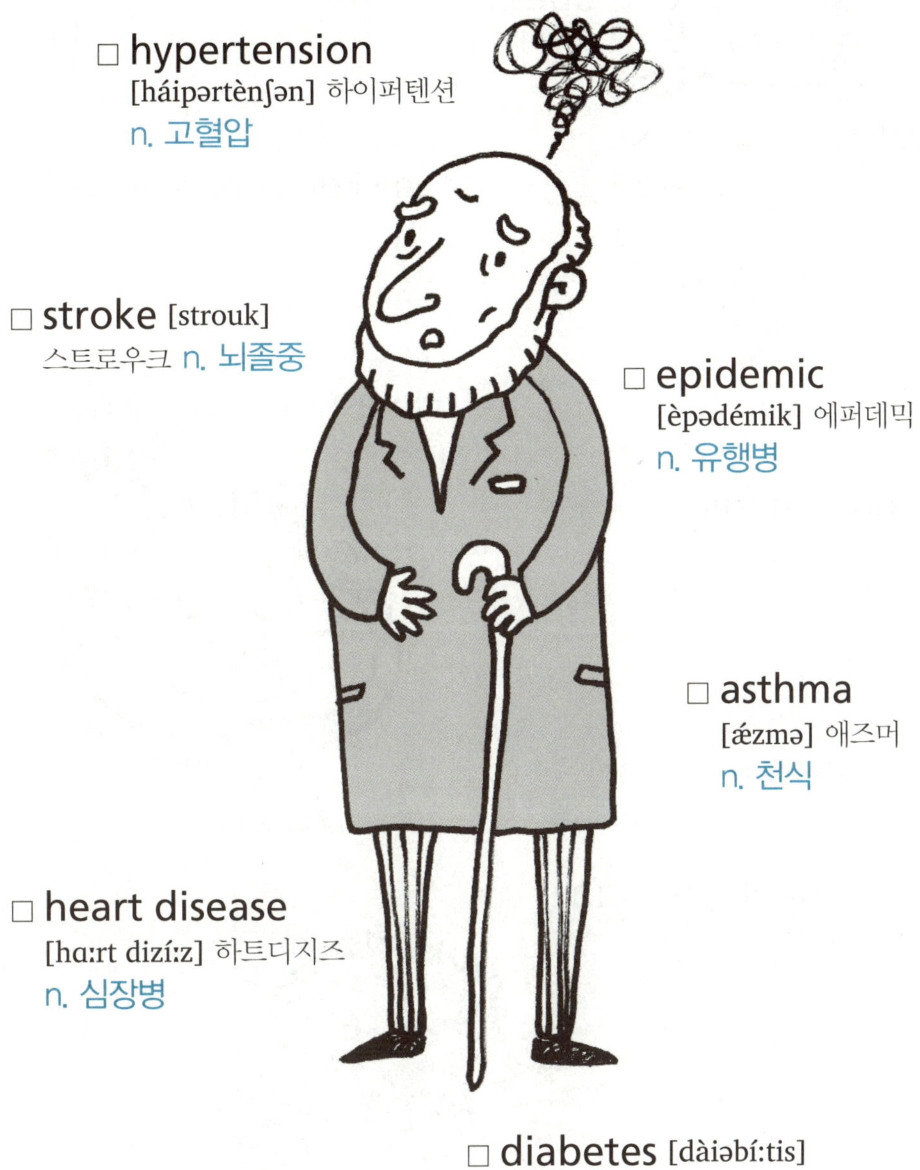

□ **hypertension**
[háipərtènʃən] 하이퍼텐션
n. 고혈압

□ **stroke** [strouk]
스트로우크 n. 뇌졸중

□ **epidemic**
[èpədémik] 에퍼데믹
n. 유행병

□ **asthma**
[ǽzmə] 애즈머
n. 천식

□ **heart disease**
[hɑːrt dizíːz] 하트디지즈
n. 심장병

□ **diabetes** [dàiəbíːtis]
다이어비티스 n. 당뇨병

□ **obesity** [oubíːsəti]
오우비서티 n. 비만

□ **chicken pox** [tʃíkin pɑks]
치킨팍스 n. 수두

□ **stress** [stres]
스트레스 n. 스트레스

□ **pneumonia**
[njumóunjə]
뉴모우니어 n. 폐렴

□ **mumps** [mʌmps] 멈프스
n. (유행성)이하선염, 볼거리

□ **measles** [míːz-əlz]
미절즈 n. 홍역

□ **cavity** [kǽvəti]
캐버티 n. 충치

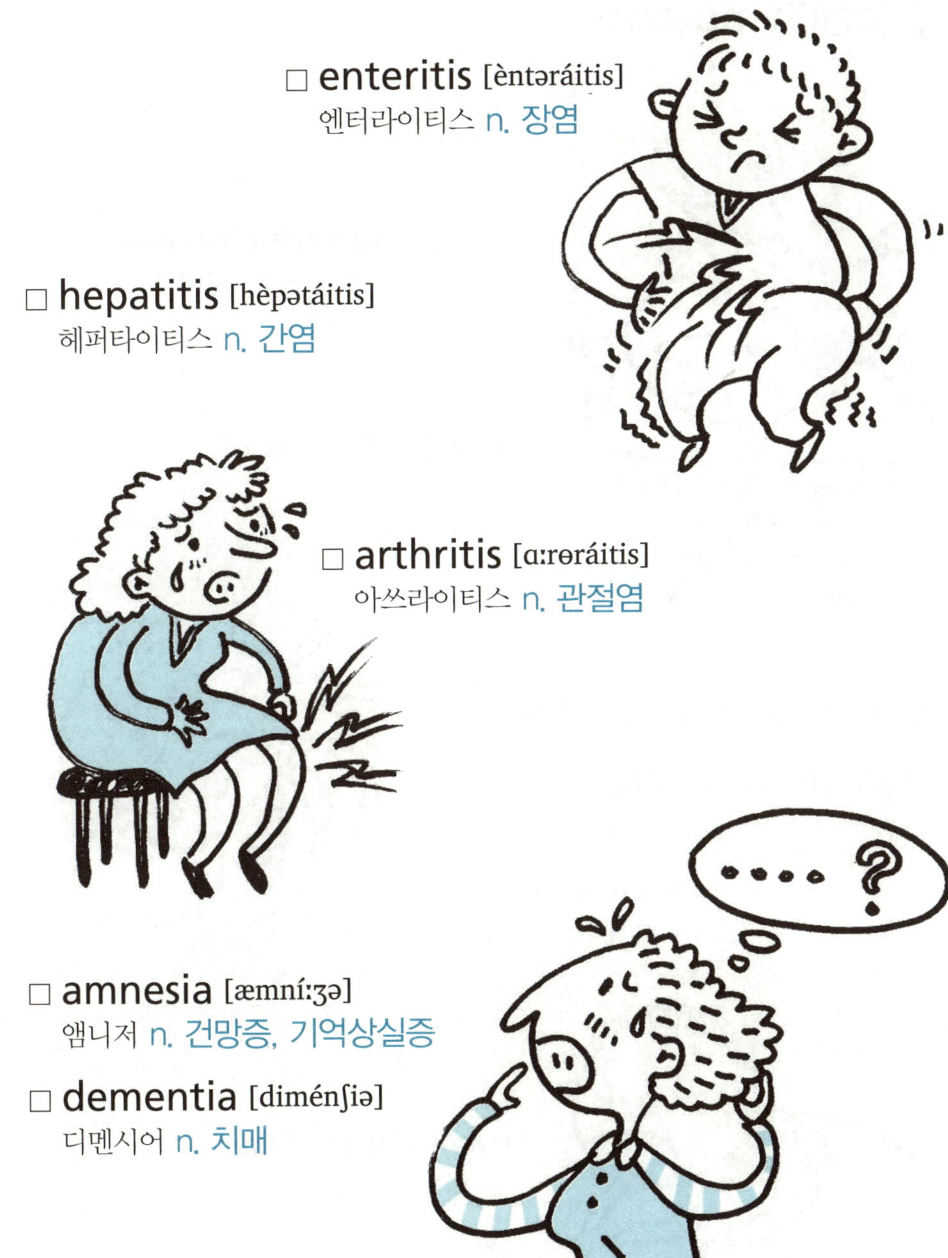

□ **enteritis** [èntəráitis]
엔터라이티스 n. 장염

□ **hepatitis** [hèpətáitis]
헤퍼타이티스 n. 간염

□ **arthritis** [ɑːrəráitis]
아쓰라이티스 n. 관절염

□ **amnesia** [æmníːʒə]
앰니저 n. 건망증, 기억상실증

□ **dementia** [dimén∫iə]
디멘시어 n. 치매

② 증상(Symptom)

□ **diarrhea** [dàiərí:ə]
다이어리어 n. 설사

□ **headache** [hédèik]
헤드에이크 n. 두통

□ **pain** [pein] 페인 n. 아픔, 고통
□ **burn** [bəːrn] 번 n. 화상

□ **toothache** [túːθèik]
투쎄이크 n. 치통

□ **vomiting** [vάmitiŋ]
바미팅 n. 구토

□ **fracture** [frǽktʃəːr]
프랙쳐 n. 골절

□ **hiccup** [híkʌp] 히컵 n. 딸꾹질

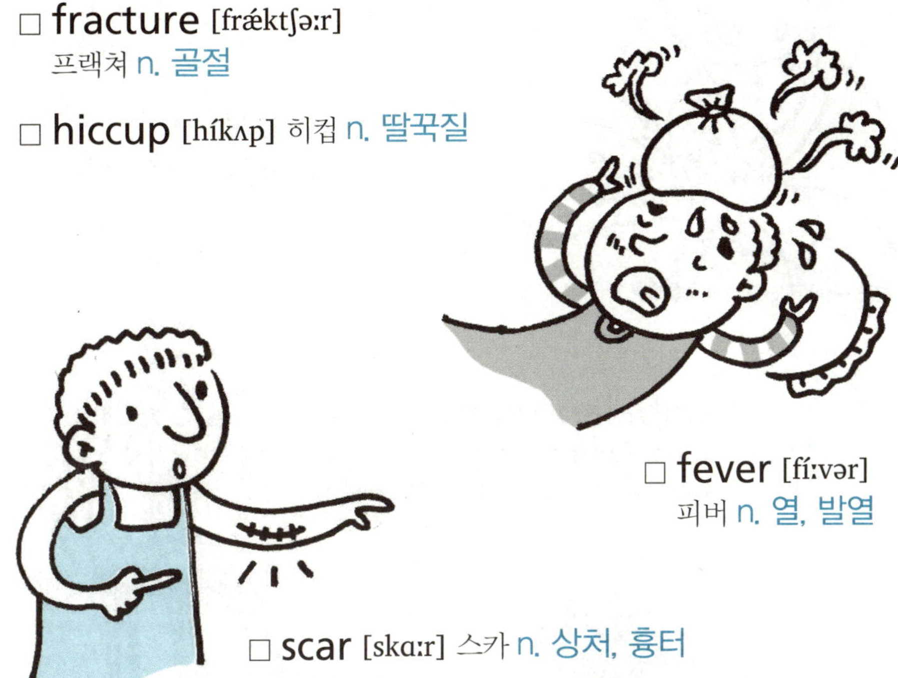

□ **fever** [fíːvər]
피버 n. 열, 발열

□ **scar** [skɑːr] 스카 n. 상처, 흉터

□ **indigestion** [ìndidʒéstʃən]
인디제스쳔 n. 소화불량

□ **cough** [kɔ(ː)f] 코프 n. 기침

□ **sneeze** [sniːz]
스니즈 n. 재채기

□ **bruise** [bruːz]
브루즈 n. 타박상

□ **constipation**
[kànstəpéiʃən] 칸스터페이션
n. 변비

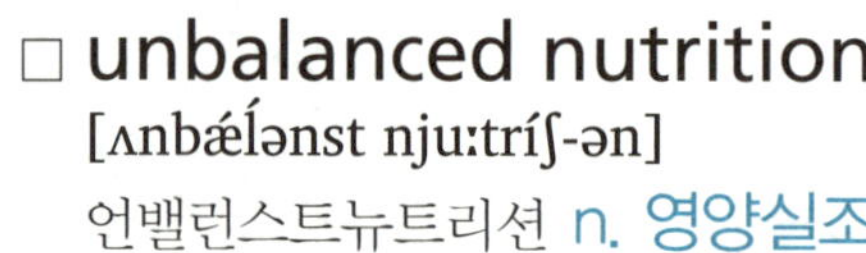

□ **unbalanced nutrition**
[ʌnbǽlənst njuːtríʃ-ən]
언밸런스트뉴트리션 n. 영양실조

□ **breath** [breθ] 브레쓰 n. 호흡

□ **dizziness** [dízinis]
디지니스 n. 현기증

□ **sweat** [swet] 스윗 n. 땀

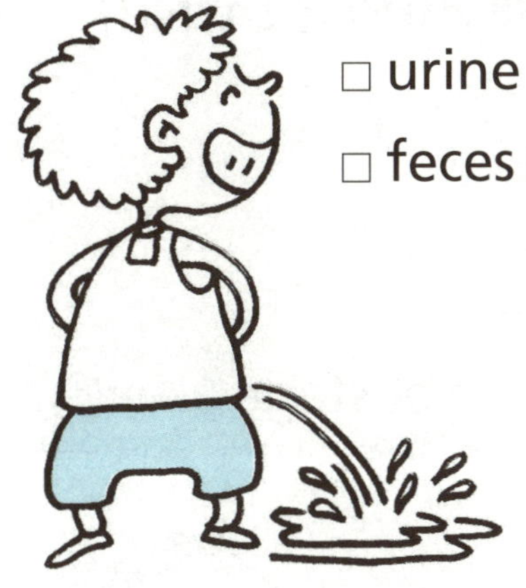

□ **urine** [júərin] 유어린 n. 소변

□ **feces** [fí:si:z] 피시즈 n. 배설물

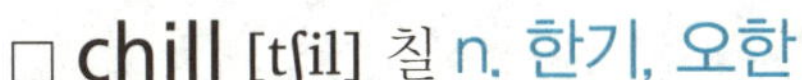

□ **nausea** [nɔ́:ziə] 노지어
n. 오심, 메스꺼움

□ **chill** [tʃil] 칠 n. 한기, 오한

□ **bleeding** [blí:diŋ]
블리딩 n. 출혈

□ **blister** [blístər]
블리스터 n. 물집

□ **migraine** [máigrein]
마이그레인 n. 편두통

□ **faint** [feint] 페인트 n. 기절, 졸도

□ **snivel** [snív-əl] 스니벌 n. 콧물

chapter 2

우체국(Post office)

□ **postal employee**
[póustəl implɔ́ii:] 포우스털임플로이이
n. 우체국 직원

□ **postage** [póustidʒ]
포우스티지 n. 우편요금

□ **mail** [meil] 메일 n. 우편물

□ **postal matter** [póustəl mǽtəːr]
포우스털매터 n. 우편물

□ **surface mail** [sə́ːrfis meil]
써피스메일 n. 육상우편(선편)

□ **postal delivery** [póustəl dilívəri]
포우스털딜리버리 n. 우편배달

□ **letter** [létə:r]
레터 n. 편지

□ **stamp** [stæmp]
스탬프 n. 우표

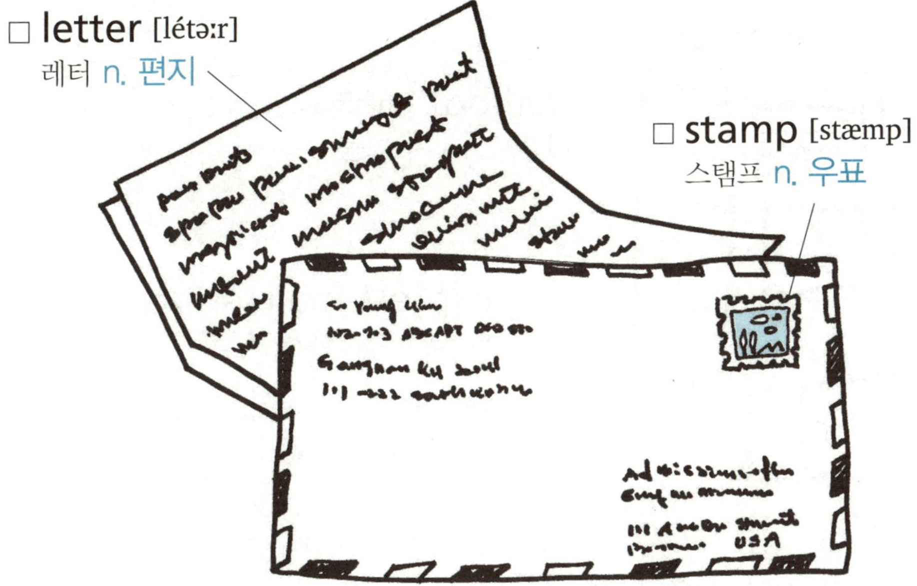

□ **envelope** [énvəlòup] 엔벌로웁 n. 봉투

□ **airmail** [έərmèil] 에어메일 n. 항공우편

□ **postcard** [póustkà:rd]
포우스트카드 n. 우편엽서

□ **zip code** [zip koud]
집코우드 n. 우편번호

□ **mailbox** [méilbàks]
메일박스 n. 우체통

□ **express mail** [iksprés mèil]
익스프레스메일 n. 속달

□ **telegram** [téləgræm]
텔러그램 n. 전보

□ **registered letter** [rédʒəstə:rd létə:r]
레저스터드레터 n. 등기우편물

□ **return address** [ritə́:rn ədrés]
리턴어드레스 n. 발신인의 주소

□ **address** [ədrés] 어드레스
n. 수신인의 주소

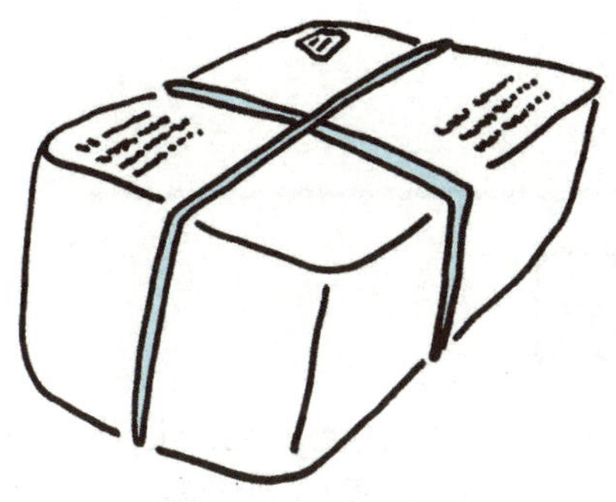

□ **parcel** [páːrsəl]
파썰 n. 소포

□ **home delivery**
[houm dilívəri]
호움딜리버리 n. 택배

□ **mail carrier** [meil kǽriər]
메일캐리어 n. 우편물 운반인

□ **window** [wíndou]
윈도우 n. 창구

□ **scale** [skeil]
스케일 n. 저울

□ **postmark** [póustmàːrk]
포우스트마크 n. 소인

은행(Bank)

□ **bankbook** [bǽŋkbùk]
뱅크북 n. 은행통장

□ **credit card**
[krédit kɑːrd] 크레딧카드
n. 신용카드

□ **bank clerk** [bæŋk kləːrk]
뱅크클럭 n. 은행 출납담당원

□ **security guard** [sikjú-əriti gɑːrd]
씨큐어리티가드 n. 경호원, 경비

□ **account** [əkáunt] 어카운트 n. 예금계좌

□ **money** [mʌ́ni] 머니 n. 돈

□ **cash** [kæʃ] 캐시 n. 현금

□ **coin** [kɔin] 코인 n. 동전

□ **bill** [bil] 빌 n. 지폐

□ **check** [tʃek] 첵 n. 수표

□ **draft** [drɑːft] 드라프트 n. 어음

□ **ATM** [eitiem] 에이티엠
　n. 자동현금인출기

□ **remittance** [rimít-əns]
　리미턴스 n. 송금

□ **safe** [seif] 쎄이프
n. 금고

□ **direct debit** [dirékt débit]
디렉트데빗 n. 자동납부

□ **deposit slip** [dipázit slip]
디파짓슬립 n. 예금용지

□ **withdrawal slip**
[wiðdrɔ́:-əl slip]
위드드로얼슬립 n. 출금용지

□ **bank charge** [bæŋk tʃɑːrdʒ]
뱅크챠지 n. 은행수수료

□ **customer** [kʌ́stəmər]
커스터머 n. 고객

□ **savings** [séiviŋs] 쎄이빙스 n. 저축

□ **exchange rate** [ikstʃéindʒ reit] 익스체인지레이트 n. 환율

□ **loan** [loun] 로운 n. 융자

□ **installment savings**
[instɔ́:lmənt séiviŋs]
인스톨먼트쎄이빙스 n. 적금

□ **principal** [prínsəpəl] 프린서펄 n. 원금

□ **interest** [íntərist] 인터리스트 n. 이자

□ **control tower** [kəntróul táuə:r]
컨트로울타워 n. 관제탑

□ **airliner** [ɛ́ərlàinər]
에어라이너 n. 여객기

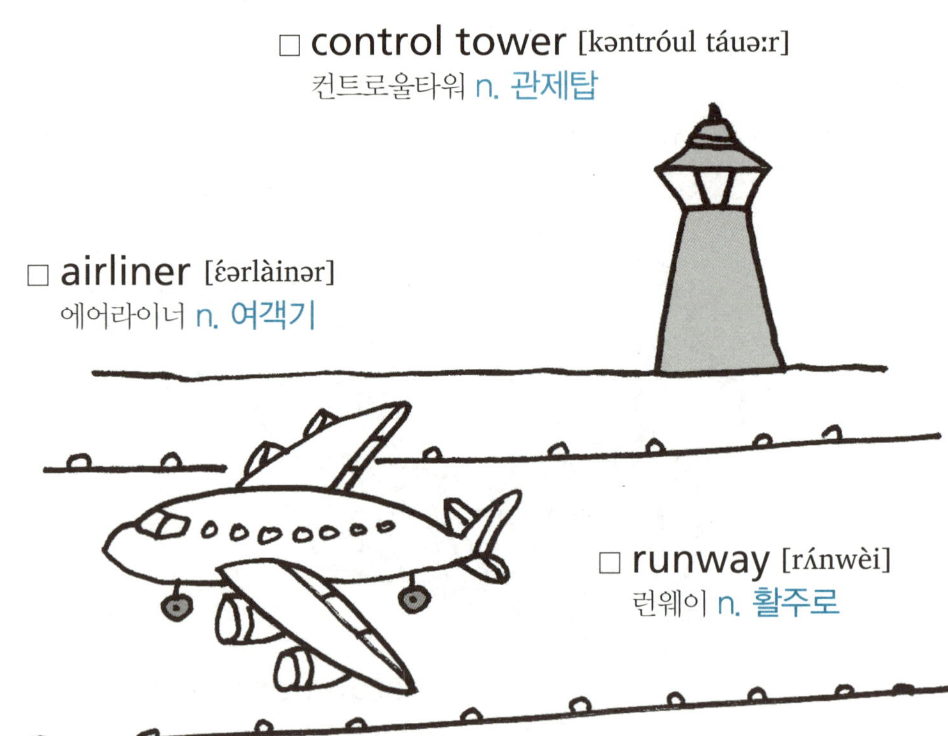

□ **runway** [rʌ́nwèi]
런웨이 n. 활주로

□ **duty free shop** [djúːti friːʃɑp]
듀티프리샵 n. 면세점

□ **baggage claim** [bǽgidʒ kleim]
배기지클레임 n. 수화물 찾는 곳

□ **customs** [kʌ́stəmz] 커스텀즈 n. 관세

□ **domestic flight** [douméstik flait]
도우메스틱플라이트 n. 국내선

□ **international flight** [ìntərnǽʃənəl flait]
인터내셔널플라이트 n. 국제선

□ **metal detector** [métl ditéktər]
메틀디텍터 n. 금속 탐지기

□ **reservation** [rèzəːrvéiʃ-ən] 레저베이션 n. 예약

□ **destination** [dèstənéiʃən] 데스터네이션 n. 목적지

□ **arrival** [əráivəl] 어라이벌 n. 도착

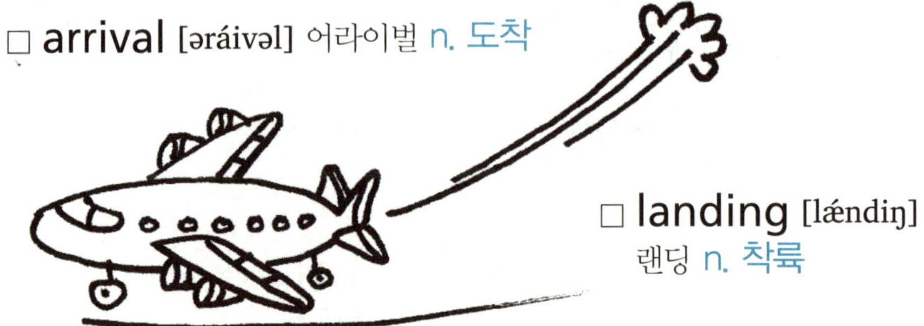

□ **landing** [lǽndiŋ] 랜딩 n. 착륙

□ **altitude flight** [ǽltətjùːd flait] 앨터튜드플라이트 n. 고도비행

□ **jetlag** [dʒetlæg] 제트래그 n. 시차증

□ **departure** [dipáːrtʃər] 디파쳐 n. 출발

□ **takeoff** [téikɔ̀(ː)f] 테이코프 n. 이륙

□ **passport** [pǽspɔ̀ːrt] 패스포트 n. 여권

□ **boarding pass** [bɔ́ːrdiŋ pæs] 보딩패스 n. 탑승권

□ **visa** [víːzə] 비저 n. (여권)사증, 비자

□ **inspection** [inspékʃən] 인스펙션 n. 검사

□ **immigration** [ìməgréiʃən]
이머그레이션 n. 입국심사

□ **quarantine** [kwɔ́ːrəntìːn] 쿼런틴 n. 검역소

□ **standby** [stǽndbài] 스탠드바이 n. 대기

1 쇼핑(Shopping)

□ **mall** [mɔːl] 몰 n. 쇼핑센터

□ **department store** [dipáːrtmənt stɔːr]
디파트먼트스토어 n. 백화점

□ **souvenir shop** [sùːvəníəːr ʃɑp]
수버니어샵 n. 기념품점

□ **parking lot** [páːrkiŋ lɑt]
파킹랏 n. 주차장

□ **menswear** [ménzwὲər]
멘즈웨어 n. 남성복

□ **womens wear**
[wíminz wὲər] 위민즈웨어
n. 여성복

□ **receipt** [risíːt]
리싯 n. 영수증

□ **refund** [ríːfʌnd] 리펀드 n. 환불

□ **guarantee** [gærəntíː] 개런티 n. 보증서

□ **sports goods** [spɔ́ːrts gudz]
스포츠굳즈 n. 스포츠 용품

□ **kitchenware**
[kítʃinwὲər]
키친웨어 n. 부엌용품

□ **sale** [seil] 쎄일 n. 판매

□ **exchange** [ikstʃéindʒ] 익스체인지 n. 교환

□ **price tag** [prais tæg] 프라이스태그 n. 정가표

□ **discount** [dískaunt] 디스카운트 n. 할인

□ **bargain** [bá:rgən] 바건 n. (싸게)산 물건, 떨이

□ **business hours** [bíznis áuərz] 비즈니스아우어즈 n. 영업시간

□ **fitting room** [fítiŋ rum] 피팅룸 n. 가봉실, 옷입어보는 곳

☐ **convenience store** [kənvíːnjəns stɔːrz]
컨비니언스스토어 n. 편의점

☐ **cash register** [kæʃ rédʒəstəːr]
캐시레저스터 n. 금전등록기

☐ **salesclerk** [séilzklèːrk]
쎄일즈클럭 n. 점원

☐ **customer** [kʌ́stəmər]
커스터머 n. 손님

☐ **shopping cart** [ʃápiŋ kɑːrt]
샤핑카트 n. 손수레

☐ **brand** [brænd]
브랜드 n. 상표

☐ **shopgirl** [ʃápgəːrl]
샵걸 n. 여점원 (=salesgirl)

② 취미(Hobby)

□ **travel** [trǽv-əl] 트래벌 n. 여행

□ **movie** [múːvi] 무비 n. 영화

□ **collection** [kəlékʃən]
컬렉션 n. 수집

□ **concert** [kánsə(ː)rt]
칸서트 n. 음악회

□ **dance** [dæns] 댄스 n. 춤, 댄스

□ **music** [mjúːzik] 뮤직 n. 음악

□ **reading** [ríːdiŋ]
리딩 n. 독서

□ **craft** [kræft] 크래프트 n. 공예

□ **cooking** [kúkiŋ] 쿠킹 n. 요리

□ **play** [plei] 플레이 n. 연극

□ **painting** [péintiŋ]
페인팅 n. 그림

□ **cartoon** [kɑ:rtú:n]
카툰 n. 풍자화, 만화

□ **knitting** [nítiŋ] 니팅 n. 뜨개질

□ **embroidery** [embrɔ́idəri]
엠브로이더리 n. 자수

□ **sewing** [sóuiŋ] 쏘우잉
n. 재봉, 바느질

□ **photography** [fətágrəfi]
퍼타그러피 n. 사진촬영

□ **calligraphy** [kəlígrəfi]
컬리크러피 n. 서예

□ **animation** [æ̀nəméiʃən]
애너메이션 n. 만화영화

□ **mountain climbing**
[máunt-ən kláimiŋ]
마운턴클라이밍 n. 등산

□ **hiking** [háikiŋ] 하이킹
n. 하이킹, 도보여행

□ **fishing** [fíʃiŋ]
피싱 n. 낚시

1 여행(Travel)

□ **sightseeing** [sáitsì:iŋ] 싸이트씨잉 n. 관광

□ **night town** [náit tàun]
나이트타운 n. 거리의 야경

□ **day trip** [dei trip]
데이트립 n. 당일치기 여행

□ **foreign travel** [fɔ́(:)rin trǽv-əl] 포린트래벌 n. 해외여행

□ **domestic travel** [douméstik trǽv-əl]
도우메스틱트래벌 n. 국내여행

□ **excursion** [ikskə́:rʒən] 익스커젼 n. 수행여행

□ **package tour** [pǽkidʒ tuəːr]
패키지투어 n. 패키지 여행(단체여행)

□ **honeymoon** [hʌnímùːn]
허니문 n. 신혼여행

□ **travel agency**
[trǽv-əl éidʒənsi]
트래벌에이젼시 n. 여행사

□ **tourist** [tú-ərist]
투어리스트 n. 관광객

□ **itinerary**
[aitínərəri] 아이티너러리
n. 여정, 여행일정계획

□ **cruise** [kruːz] 크루즈
n. 선박여행

□ **carsickness** [ká:rsìknis]
카씨크니스 n. 차멀미

□ **seasickness** [sí:sìknis]
씨씨크니스 n. 배멀미

□ **memorial** [mimɔ́:riəl]
미모리얼 n. 기념비

□ **folk village** [fouk vílidʒ]
포우크빌리지 n. 민속촌

□ **outlook** [áutlùk]
아우트룩 n. 전망, 경치

□ **hot spring** [hat spriŋ] 핫스프링 n. 온천

□ **scenery** [síːnəri] 씨너리 n. 풍경

□ **ruins** [rúːinz] 루인즈 n. 옛터, 유적

□ **souvenir** [sùːvəníəːr] 쑤버니어 n. 기념품

□ **indigenous product** [indídʒənəs prádəkt]
인디져너스프라덕트 n. 토산품

❷ 종교(Religion)

□ **ritual** [rítʃu-əl]
리츄얼 n.(종교적)의식

□ **belief** [bilíːf] 빌리프
n. 신앙

□ **convert** [kánvəːrt]
칸버트 n. 개종자, 귀의자

□ **Christianity** [krìstʃiǽnəti]
크리스채너티 n. 기독교

□ **Catholicism** [kəθáləsìzəm]
커쌀러시점 n. 가톨릭교

□ **Christian** [krístʃən] 크리스쳔 n. 기독교도

□ **preach** [priːtʃ]
프리치 n. 설교

□ **worship** [wə́ːrʃip]
워십 n. 예배

□ **Catholic** [kǽθəlik]
캐썰릭 n. 가톨릭교도

□ **Hindu** [híndu:] 힌두 n. 힌두교도

□ **Hinduism** [híndu:ìzəm]
힌두이점 n. 힌두교

□ **Muslim** [mʌ́zləm] 머즐럼 n. 이슬람교도

□ **Islam** [íslɑ:m] 이슬람
n. 이슬람교, 회교

□ **Confucianism** [kənfjú:ʃənizm]
컨퓨셔니즘 n. 유교

□ **Confucian** [kənfjú:ʃən]
컨퓨션 n. 유생

□ **temple** [témp-əl] 템펄 n. 신전, 절

□ **Buddhism** [búːdizəm] 부디점 n. 불교

□ **Buddhist** [búːdist] 부디스트 n. 불교도

□ **shamanism** [ʃáːmənìz-əm]
샤머니점 n. 샤머니즘(원시종교)

□ **shaman** [ʃáːmən] 샤먼 n. 무당

□ **shamanist** [ʃáːmənist]
샤머니스트 n. 샤머니즘의 신자

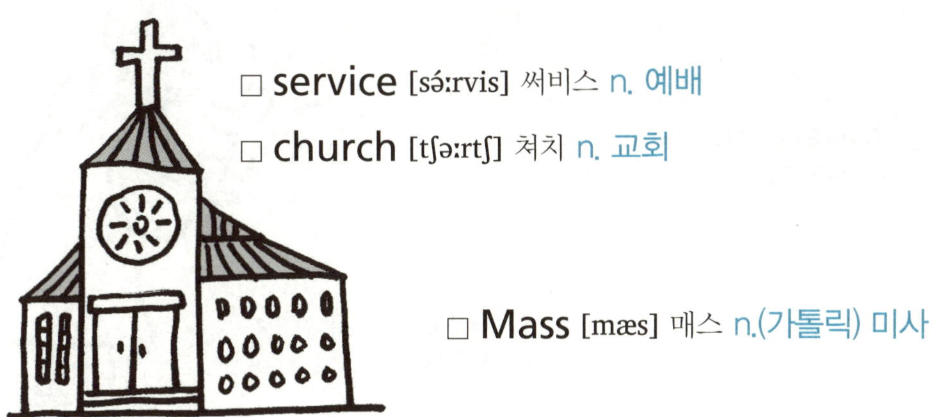

devil [dévl] 데블 n. 악마

□ God [gɑd] 가드
　 n. 유일신, 하느님

□ god [gɑd] 가드 n. (다신교)신

□ Protestant [prɑ́təstənt]
프라터스턴트 n. 신교도

□ baptism [bǽptizəm]
뱁티점 n. 세례

□ Bible [bɑ́ibəl]
바이벌 n. 성경

□ service [sə́ːrvis] 써비스 n. 예배

□ church [tʃəːrtʃ] 처치 n. 교회

□ Mass [mæs] 매스 n.(가톨릭) 미사

□ **pope** [poup] 포우프 n. (로마)교황

□ **cathedral** [kəθíːdrəl] 커씨드럴
　　n. 대성당(주교좌 성당)

□ **cross** [krɔːs] 크로스 n. 십자가

□ **bishop** [bíʃəp] 비셥 n. 주교

□ **cardinal** [káːrdənl]
　　카더늘 n. 추기경

□ **hymn** [him] 힘 n. 찬송가

□ **heaven** [hévən] 헤번 n. 천국

□ **hell** [hel] 헬 n. 지옥

□ **funeral** [fjúːn-ərəl] 퓨너럴
　　n. 장례식

□ **priest** [priːst] 프리스트
　　n. 성직자

□ **missionary** [míʃ-ənəri]
미셔너리 n. 선교사

□ **choir** [kwaiər]
콰이어 n. 성가대

□ **cremation** [kriméiʃən] 크리메이션 n. 화장

□ **tomb** [tu:m] 툼 n. 무덤

□ **burial** [bériəl] 베리얼
n. 매장

□ **fanatic** [fənǽtik] 퍼내틱 n. 광신자

□ **Easter** [íːstər]
이스터 n. 부활절

□ **gospel** [gáspəl]
가스펄 n. 복음, 복음서

□ **prophet** [práfit] 프라핏 n. 예언자

③ 스포츠(Sports)

□ **soccer** [sákə:r]
싸커 n. 축구

□ **baseball** [béisbɔ̀:l]
베이스볼 n. 야구

□ **football** [fútbɔ̀:l]
풋볼 n. 미식축구

□ **badminton**
[bǽdmintən] 배드민턴
n. 배드민턴

□ **tennis** [ténis]
테니스 n. 테니스

□ **golf** [gɔ(:)lf]
골프 n. 골프

□ **hockey** [háki]
하키 n. 하키

□ **ping-pong**
[píŋpàŋ] 핑팡 n. 탁구

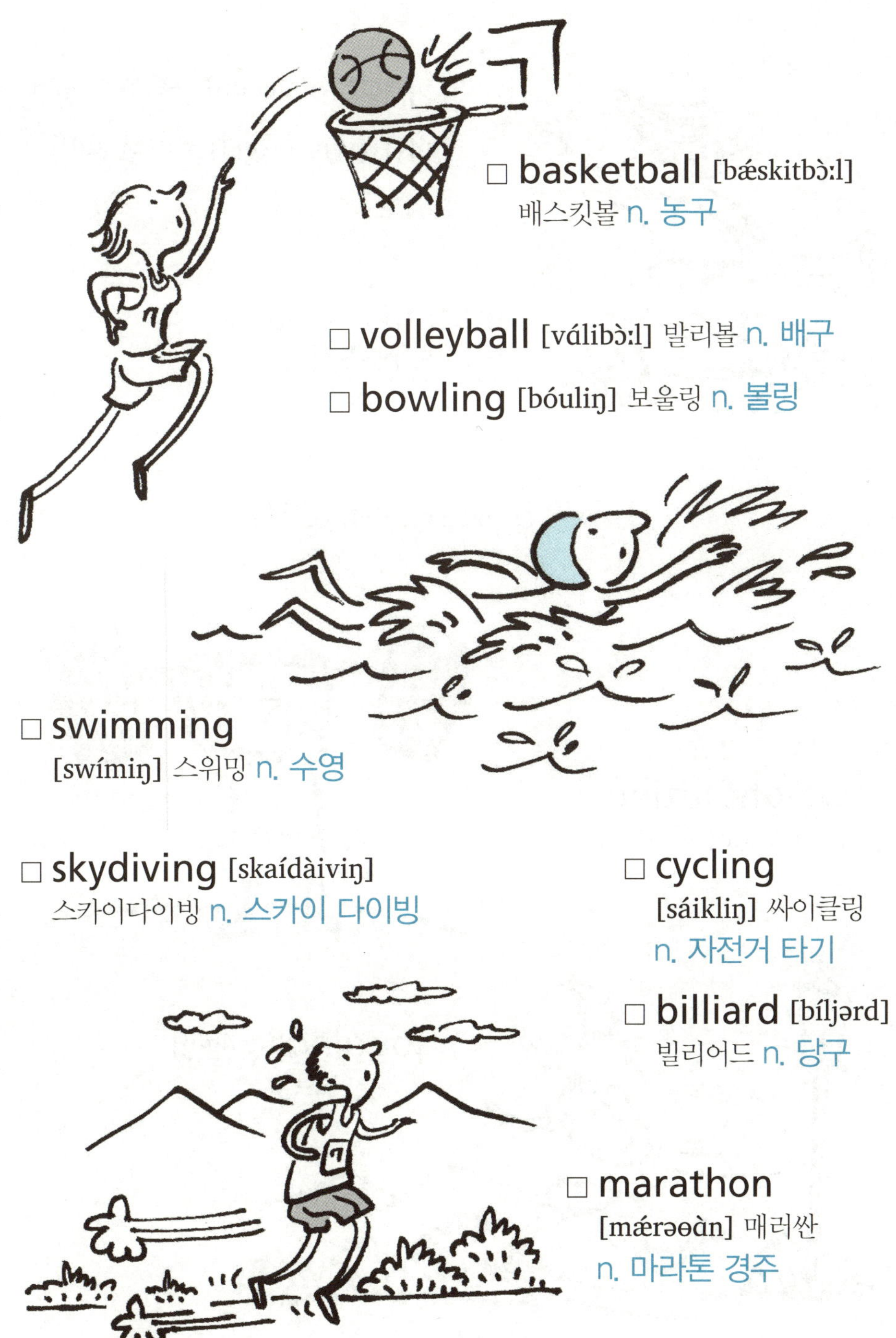

□ **basketball** [bǽskitbɔ̀:l]
배스킷볼 n. 농구

□ **volleyball** [válibɔ̀:l] 발리볼 n. 배구
□ **bowling** [bóuliŋ] 보울링 n. 볼링

□ **swimming**
[swímiŋ] 스위밍 n. 수영

□ **skydiving** [skaídàiviŋ]
스카이다이빙 n. 스카이 다이빙

□ **cycling**
[sáikliŋ] 싸이클링
n. 자전거 타기

□ **billiard** [bíljərd]
빌리어드 n. 당구

□ **marathon**
[mǽrəθàn] 매러싼
n. 마라톤 경주

□ judo [ʤúːdou] 쥬도우 n. 유도

□ Rugby [rʌ́gbi] 럭비 n. 럭비

□ skating [skéitiŋ]
스케이팅 n. 스케이트

□ boxing [bάksiŋ] 박싱 n. 권투

□ weight lifting
[weit líftiŋ] 웨이트리프팅 n. 역도

□ jogging [ʤάgiŋ]
쟈깅 n. 조깅

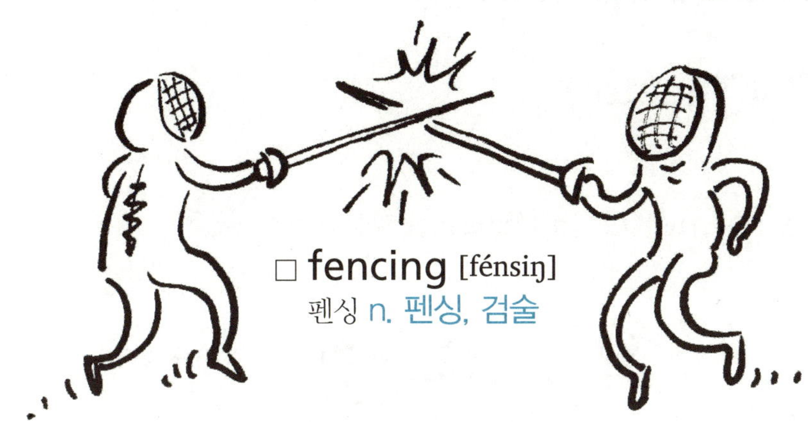

□ **fencing** [fénsiŋ]
펜싱 n. 펜싱, 검술

□ **gymnastics** [ʤimnǽstiks]
짐내스틱스 n. 체조

□ **shooting** [ʃúːtiŋ] 슈팅 n. 사격

□ **foul** [faul] 파울 n. 반칙

□ **penalty** [pénəlti]
페널티 n. 반칙의 벌

□ **rule** [ruːl] 룰 n. 규칙

chapter 7

극장과 공원(Theater&Park)

① 극장(Theater)

□ **performance** [pərfɔ́:rməns] 퍼포먼스 n. 공연

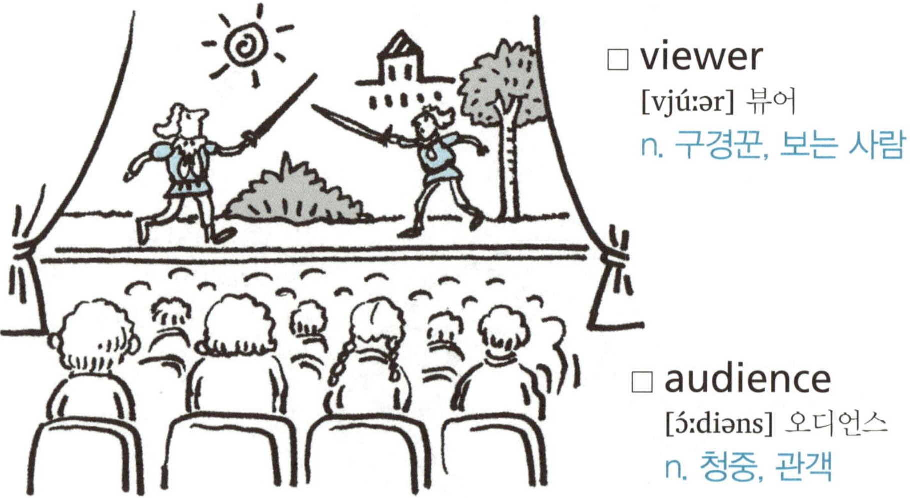

□ **viewer** [vjú:ər] 뷰어 n. 구경꾼, 보는 사람

□ **audience** [ɔ́:diəns] 오디언스 n. 청중, 관객

□ **movie** [mú:vi] 무비 n. 영화

□ **preview** [prí:vjù:] 프리뷰 n. 시사(회)

□ **admission free** [ædmíʃən fri:] 애드미션프리 n. 무료입장

□ **show** [ʃou] 쇼우 n. 쇼, 흥행

□ **ticket** [tíkit] 티킷 n. 표, 입장권

□ **admission fee** [ædmíʃən fi:] 애드미션피 n. 입장료

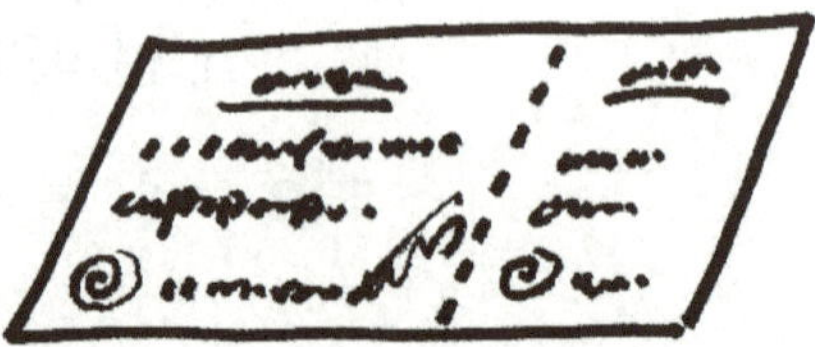

□ **exit** [éksit] 엑씻 n. 출구

□ **applause** [əplɔ́ːz] 어플로즈 n. 박수갈채

□ **movie fan** [múːvi fǽn] 무비팬 n. 영화팬

□ **movie theater** [múːvi θí(ː)ətəːr] 무비씨어터 n. 극장

□ **billboard** [bílbɔ̀ːrd] 빌보드 n. 광고(게시)판

□ **emergency stair** [imə́ːrdʒənsi stɛəːr] 이머젼시스테어 n. 비상계단

□ **marquee** [mɑːrkíː] 마키 n. (극장 출입구의)차양

□ **admittance** [ædmítəns] 애드미턴스 n. 입장

□ **entrance** [éntrəns] 엔트런스 n. 입구

□ **showing** [ʃóuiŋ] 쇼우잉 n. 상영, 상연

□ **actress** [ǽktris] 액트리스 n. 여(배)우

□ **actor** [ǽktər] 액터 n. 남(배)우

□ **seat** [si:t] 씨트 n. 좌석

□ **blockbuster** [blÁkbÀstər] 블락버스터 n. 초대작, 대성공

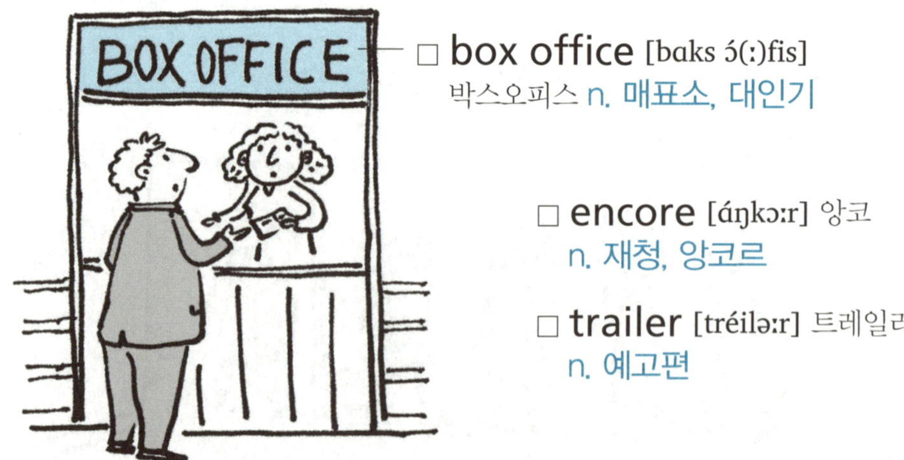

□ **box office** [baks ɔ́(:)fis] 박스오피스 n. 매표소, 대인기

□ **encore** [áŋkɔːr] 앙코 n. 재청, 앙코르

□ **trailer** [tréilər] 트레일러 n. 예고편

□ **sequel** [síːkwəl] 씨퀄 n. 후편, 속편

□ **short subject** [ʃɔːrt sʌ́bdʒikt] 쇼트써브직트 n. 단편영화

□ **horror film**
[hɔ́ːrər film]
호러필름 n. 공포영화

□ **screen** [skriːn]
스크린
n. 스크린, 화면

□ **subtitle** [sʌ́btàitl] 써브타이틀 n. (화면의)설명자막, 대사자막

□ **SF(science fiction)** [sáiəns fíkʃən]
싸이언스픽션 n. 공상과학물

□ **feature**
[fíːtʃər] 피쳐 n. 장편

□ **film** [film] 필름
n. 필름, (한편의)영화

□ **action film**
[ǽkʃən film] 액션필름
n. 활극, 액션영화

□ **silent film** [sáilənt film] 싸일런트필름 n. 무성영화

□ **reserved seat** [rizə́:rvd si:t] 리저브드씨트 n. 예약석

□ **production** [prədʌ́kʃən] 프러덕션 n. 제작, 연출

□ **producer** [prədjú:sər] 프러듀서 n. 제작자

□ **film distribution** [film dìstrəbjú:ʃən]
필름디스트러뷰션 n. 영화배급

□ **tragedy** [trǽdʒədi]
트래져디 n. 비극

□ **comedy** [kámədi]
카머디 n. 희극

□ **award** [əwɔ́:rd] 어워드 n. 상, 수상

□ **location** [loukéiʃən] 로우케이션
　　n. 야외촬영(지)

□ **projector** [prədʒéktər]
　프러젝터 n. 영사기, 영사기사

□ **director** [diréktər]
　디렉터 n. 감독

□ **casting** [kǽstiŋ] 캐스팅 n. 배역

□ **stand-in** [stǽndìn] 스탠딘 n. (배우의)대역

② 공원(Park)

□ **national park** [nǽʃənəl pɑːrk]
내셔널파크 n. 국립공원

□ **amusement park** [əmjúːzmənt pɑːrk]
어뮤즈먼트파크 n. 유원지, 놀이공원

□ **roller coaster** [róuləːr kóustər]
로울러코우스터 n. 오락용 활주차

□ **merry-go-round** [mérigouràund]
메리고우라운드 n. 회전목마

□ **clown** [klaun]
클라운 n. 어릿광대

□ **parade** [pəréid] 퍼레이드

　　n. (사람의 눈을 끌기 위한)행렬

　　□ **Ferris wheel**
　　[féris hwi:l] 페리스휠
　　n. (유원지의)대회전식 관람차

□ **cotton candy** [kátn kǽndi]
카튼캔디 n. 솜사탕

□ **snack bar** [snæk bɑ:r] 스낵바 n. 간이식당

□ **flower viewing** [fláuər vjú:iŋ]
플라워 뷰잉 n. 꽃놀이

□ **admission ticket** [ædmíʃən tíkit] 애드미션티킷 n. 입장권

□ **pond** [pand] 판드 n. 연못

□ **theme park** [θi:m pɑ:rk]
씸파크 n. 테마공원

□ **zoo** [zu:] 주 n. 동물원

□ **ride** [raid] 라이드
n. 놀이기구

□ **driving range** [dráiviŋ reindʒ] 드라이빙레인지 n. 골프연습장

□ **rifle range** [ráif-əl reindʒ] 라이펄레인지 n. 소총사격장

□ **botanical garden**
[bətǽnikəl gá:rdn]
버태니컬가든 n. 식물원

□ **playground** [pleígràund]
플레이그라운드 n. 놀이터

□ **slide** [slaid] 슬라이드
n. 미그럼틀

□ **hide and seek** [háidəndsíːk] 하이던드씨크 n. 술래잡기

□ **swing** [swiŋ]
스윙 n. 그네(타기)

□ **seesaw** [síːsɔ̀ː]
씨소 n. 시소(놀이)

□ **bench** [bentʃ]
벤치 n. 긴의자, 벤치

□ **tricycle** [tráisik-əl]
트라이시컬 n. 세발자전거

□ **fountain** [fáuntin]
파운틴 n. 분수

chapter **8**

자연(Nature)

① 동물(Animal)

☐ **pig** [pig] 피그 n. 돼지

☐ **wild boar** [waild bɔːr] 와일드보 n. 멧돼지

☐ **cow** [kau] 카우 n. 암소

☐ **bull** [bul] 불 n. (거세하지 않은) 황소

☐ **ox** [ɑks] 악스 n. (거세한)수소

☐ **horse** [hɔːrs] 호스 n. 말

☐ **donkey** [dáŋki] 당키 n. 당나귀

☐ **zebra** [zíːbrə] 지브러 n. 얼룩말

☐ **dog** [dɔ(ː)g] 도그 n. 개

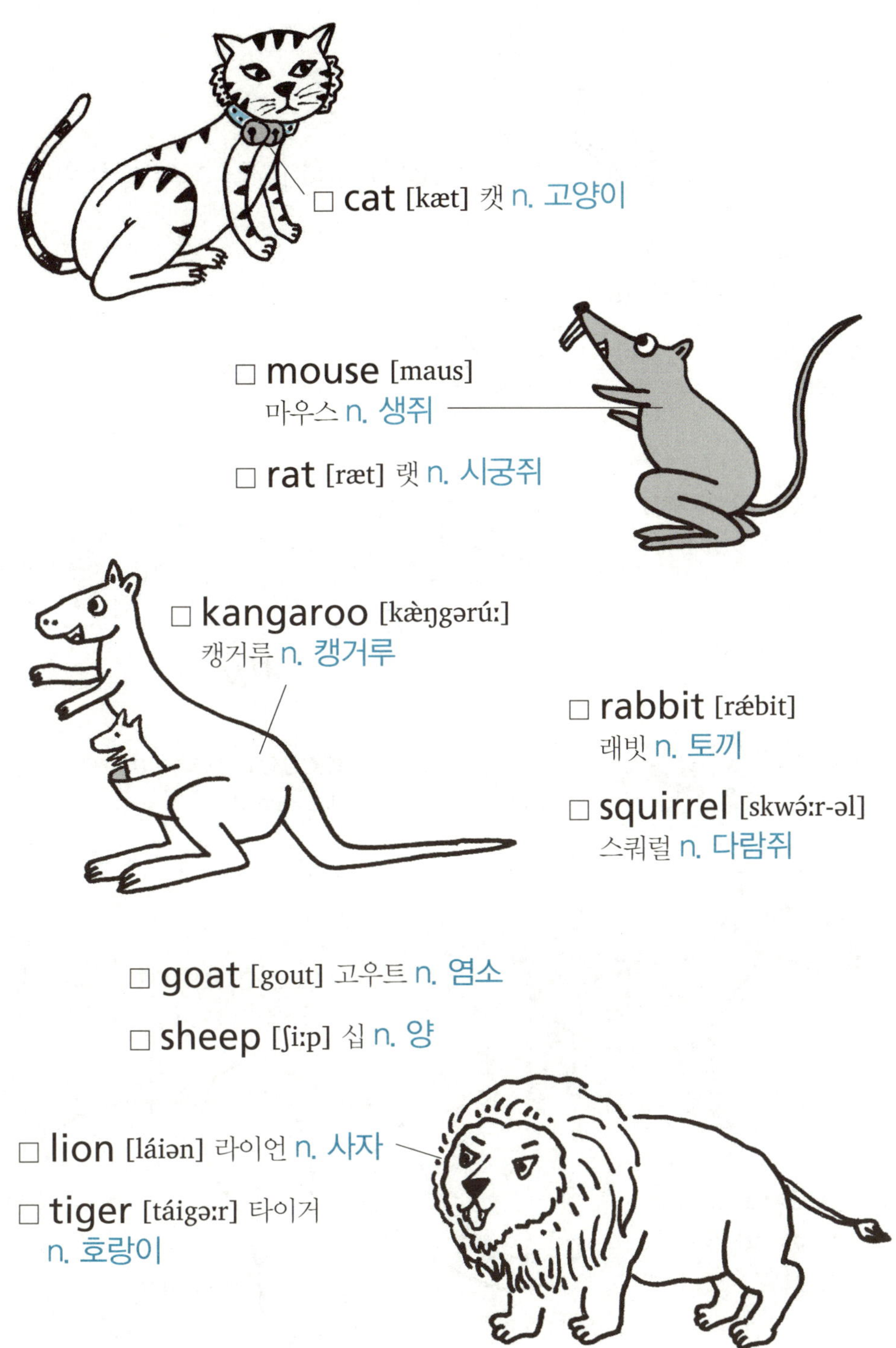

☐ cat [kæt] 캣 n. 고양이

☐ mouse [maus] 마우스 n. 생쥐

☐ rat [ræt] 랫 n. 시궁쥐

☐ kangaroo [kæ̀ŋgərú:] 캥거루 n. 캥거루

☐ rabbit [rǽbit] 래빗 n. 토끼

☐ squirrel [skwə́:r-əl] 스쿼럴 n. 다람쥐

☐ goat [gout] 고우트 n. 염소

☐ sheep [ʃi:p] 십 n. 양

☐ lion [láiən] 라이언 n. 사자

☐ tiger [táigə:r] 타이거 n. 호랑이

□ wolf [wulf] 울프 n. 늑대, 이리

□ hyena [haií:nə] 하이이너 n. 하이에나

□ vixen [víksən] 빅선 n. (암)여우

□ fox [fɑks] 팍스 n. (수)여우

□ raccoon [rækú:n] 래쿤 n. 너구리

□ bear [bɛər] 베어 n. 곰

□ deer [diər] 디어 n. 사슴

□ elephant [éləfənt] 엘러펀트 n. 코끼리

□ leopard [lépə:rd] 레퍼드 n. 표범

□ **panda** [pǽndə]
팬더 n. 판다

□ **chimpanzee** [tʃìmpænzí:]
침팬지 n. 침팬지

□ **monkey** [mʌ́ŋki]
멍키 n. 원숭이

□ **gorilla** [gərílə]
거릴러 n. 고릴라

□ **camel** [kǽməl] 캐멀 n. 낙타

□ **koala** [kouá:lə] 코우알러 n. 코알라

□ **skunk** [skʌŋk] 스컹크 n. 스컹크

□ **giraffe** [ʤərǽf]
져래프 n. 기린

□ **alligator** [ǽligèitər] 앨리게이터 n. (미국산)악어

□ **crocodile** [krάkədàil] 크라커다일
　　n. (아시아,아프리카산)악어

□ **frog** [frɔ:g] 프로그 n. 개구리

□ **dinosaur** [dáinəsɔ̀:r]
　　다이너소 n. 공룡

□ **hippo** [hípou]
　　히포우 n. 하마

□ **rhinoceros**
　　[rainάs-ərəs] 라이나서러스
　　n. 코뿔소, 무소

□ **snake** [sneik]
　　스네이크 n. 뱀

□ **lizard** [lízərd] 리저드
　　n. 도마뱀

□ **cobra** [kóubrə]
　　코우브러 n. 코브라

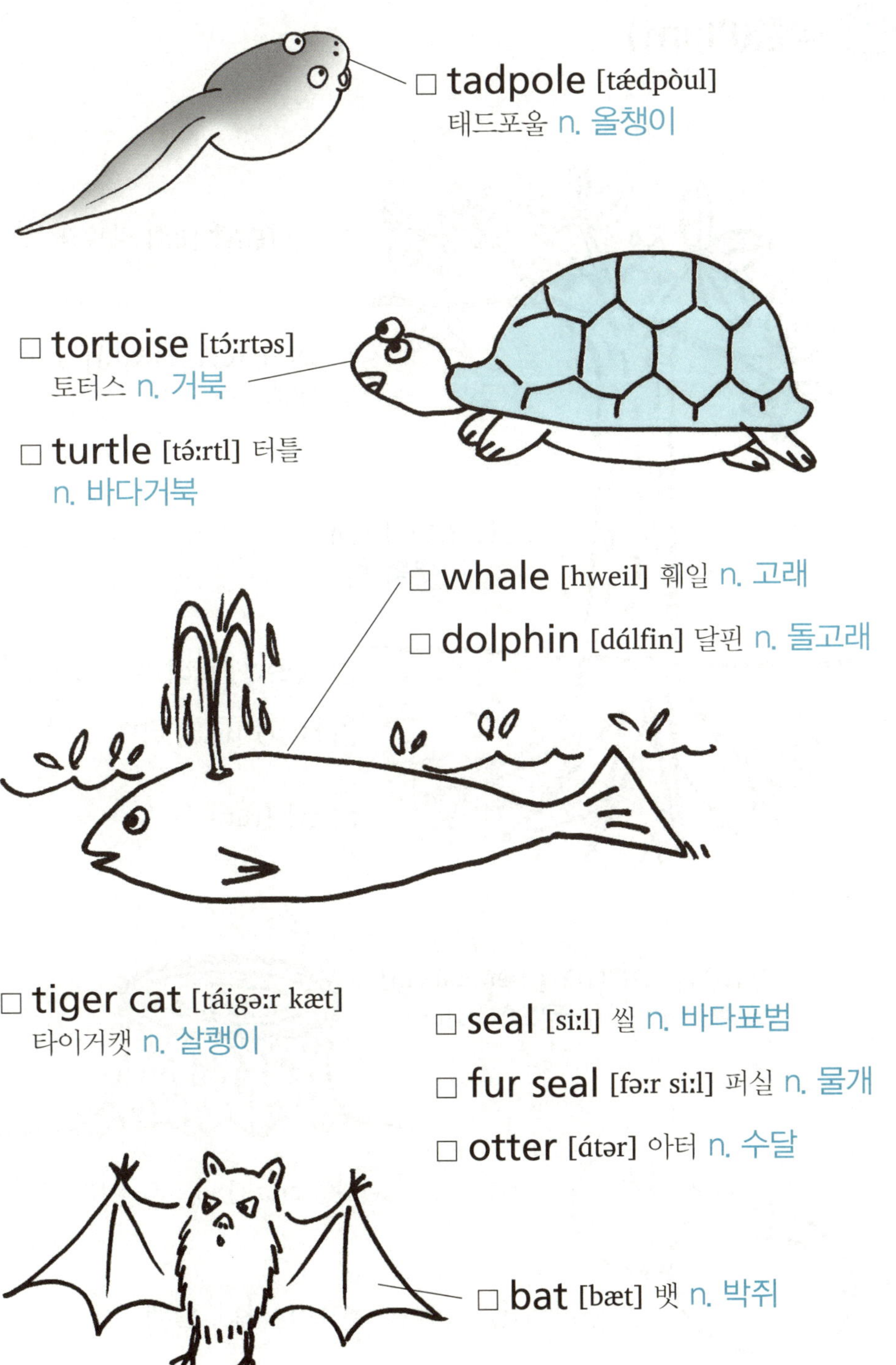

□ **tadpole** [tǽdpòul]
태드포울 n. 올챙이

□ **tortoise** [tɔ́:rtəs]
토터스 n. 거북

□ **turtle** [tə́:rtl] 터틀
n. 바다거북

□ **whale** [hweil] 훼일 n. 고래

□ **dolphin** [dάlfin] 달핀 n. 돌고래

□ **tiger cat** [táigə:r kæt]
타이거캣 n. 살쾡이

□ **seal** [si:l] 씰 n. 바다표범

□ **fur seal** [fə:r si:l] 퍼실 n. 물개

□ **otter** [άtər] 아터 n. 수달

□ **bat** [bæt] 뱃 n. 박쥐

② 식물(Plant)

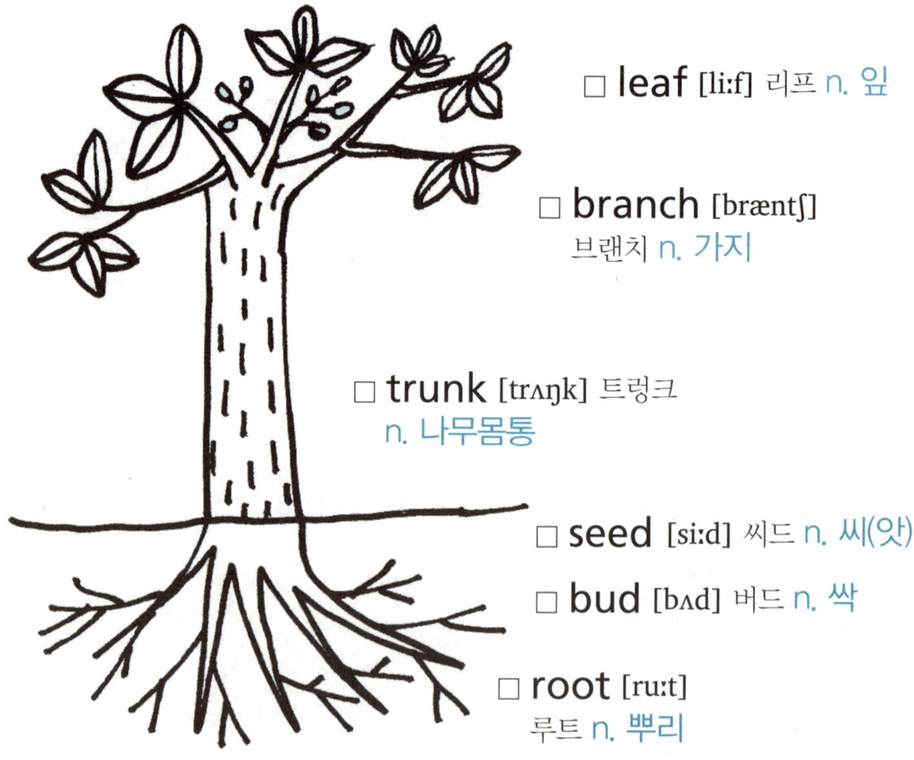

□ leaf [liːf] 리프 n. 잎

□ branch [bræntʃ]
브랜치 n. 가지

□ trunk [trʌŋk] 트렁크
n. 나무몸통

□ seed [siːd] 씨드 n. 씨(앗)

□ bud [bʌd] 버드 n. 싹

□ root [ruːt]
루트 n. 뿌리

□ annual ring [ǽnjuəl riŋ]
애뉴얼링 n. (나무의)나이테

□ bark [bɑːrk] 바크 n. 나무껍질

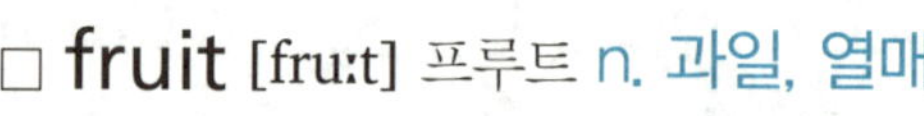

□ fruit [fruːt] 프루트 n. 과일, 열매

□ **pine** [pain] 파인 n. 소나무

□ **maple** [méip-əl] 메이펄
  n. 단풍나무

□ **oak** [ouk] 오우크 n. 떡갈나무

□ **chestnut** [tʃésnʌ̀t]
  체스넛 n. 밤나무

□ **ginkgo**
  [ʤíŋkou] 징코우
  n. 은행나무

□ **elm** [elm] 엘름
  n. 느릅나무

□ **willow** [wílou] 윌로우 n. 버드나무 ·

□ **cherry tree** [tʃéri tri:] 체리트리 n. 벚나무

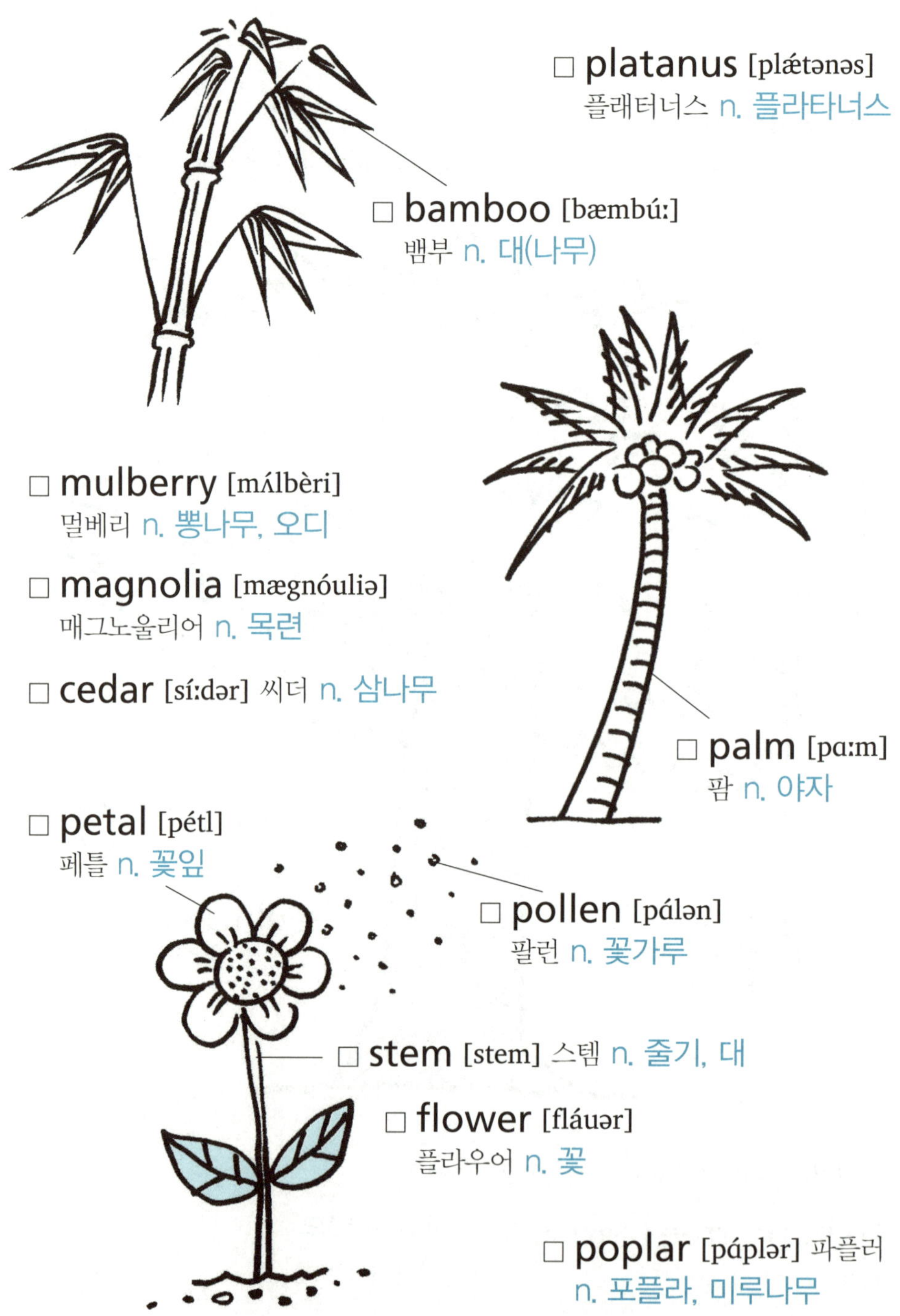

□ **platanus** [plǽtənəs]
플래터너스 n. 플라타너스

□ **bamboo** [bæmbú:]
뱀부 n. 대(나무)

□ **mulberry** [mʌ́lbèri]
멀베리 n. 뽕나무, 오디

□ **magnolia** [mægnóuliə]
매그노울리어 n. 목련

□ **cedar** [síːdər] 씨더 n. 삼나무

□ **palm** [pɑːm]
팜 n. 야자

□ **petal** [pétl]
페틀 n. 꽃잎

□ **pollen** [pálən]
팔런 n. 꽃가루

□ **stem** [stem] 스템 n. 줄기, 대

□ **flower** [fláuər]
플라우어 n. 꽃

□ **poplar** [páplər] 파플러
n. 포플라, 미루나무

□ **sunflower** [sʌ́nflàuər]
썬플라우어 n. 해바라기

□ **iris** [áiris] 아이리스 n. 붓꽃

□ **rose** [rouz] 로우즈 n. 장미

□ **orchid** [ɔ́:rkid] 오키드 n. 난초

□ **lily** [líli] 릴리
　　n. 백합

□ **tulip** [tjú:lip] 튤립
　　n. 튤립

□ **violet** [váiəlit] 바이얼릿
　　n. 바이올렛, 제비꽃

□ **ivy** [áivi] 아이비 n. 담쟁이덩굴

□ **dandelion** [dǽndəlàiən]
댄덜라이언 n. 민들레

□ **gypsophila** [ʤipsáfilə]
집싸필러 n. 안개꽃

□ **azalea** [əzéiljə]
어제일리어 n. 진달래

□ **lotus** [lóutəs]
로우터스 n. 연꽃

□ **daffodil** [dǽfədìl]
대퍼딜 n. 나팔수선화

□ **morning-glory**
[mɔ́ːrninglɔ̀ːri] 모닝글로리
n. 나팔꽃

□ **carnation** [kɑːrnéiʃən]
카네이션 n. 카네이션

□ **cosmos** [kázməs]
카즈머스 n. 코스모스

□ **chrysanthemum** [krisǽnθəməm]
크리쌘써멈 n. 국화

□ **jasmin(e)** [dʒǽzmin]
재즈민 n. 재스민

□ **cactus** [kǽktəs]
캑터스 n. 선인장

□ **forsythia** [fəːrsíθiə]
퍼씨씨어 n. 개나리

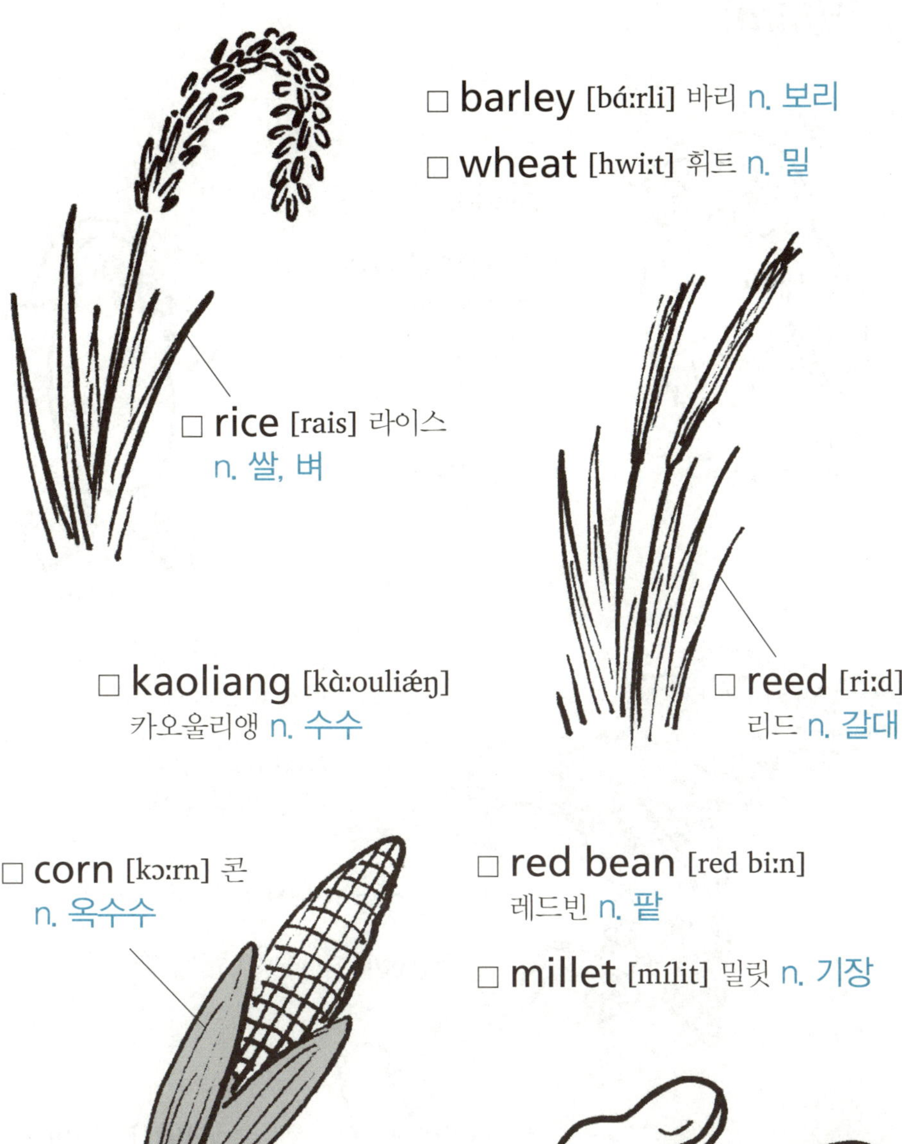

□ **barley** [bá:rli] 바리 n. 보리

□ **wheat** [hwi:t] 휘트 n. 밀

□ **rice** [rais] 라이스
n. 쌀, 벼

□ **kaoliang** [kà:ouliǽŋ]
카오울리앵 n. 수수

□ **reed** [ri:d]
리드 n. 갈대

□ **corn** [kɔːrn] 콘
n. 옥수수

□ **red bean** [red bi:n]
레드빈 n. 팥

□ **millet** [mílit] 밀릿 n. 기장

□ **bean** [bi:n] 빈 n. 콩

□ **pea** [pi:] 피 n. 완두(콩)

③ 새(Bird)

- owl [aul] 아울 n. 올빼미
- horned owl [hɔːrnd aul] 혼드아울 n. 부엉이
- penguin [péŋgwin] 펭귄 n. 펭귄
- peacock [píːkàk] 피칵 n. 공작
- parrot [pǽrət] 패럿 n. 앵무새
- eagle [íːgəl] 이걸 n. 독수리
- hawk [hɔːk] 호크 n. 매
- pelican [pélikən] 펠리컨 n. 펠리컨
- parakeet [pǽrəkìːt] 패러키트 n. (작은)잉꼬
- swan [swɑn] 스완 n. 백조

□ **pigeon** [pídʒən]
피전 n. 비둘기

□ **crow** [krou]
크로우 n. 까마귀

□ **magpie** [mǽgpài]
매그파이 n. 까치

□ **hen** [hen] 헨 n. 암탉

□ **cock** [kɑk] 칵 n. 수탉

□ **duck** [dʌk] 덕 n. 오리

□ **goose** [guːs] 구스 n. 거위

□ **wild goose** [waild gu:s]
와일드구스 n. 기러기

□ **quail** [kweil] 퀘일 n. 메추라기

□ **woodpecker** [wúdpèkə:r]
우드페커 n. 딱따구리

□ **swallow** [swálou]
스왈로우 n. 제비

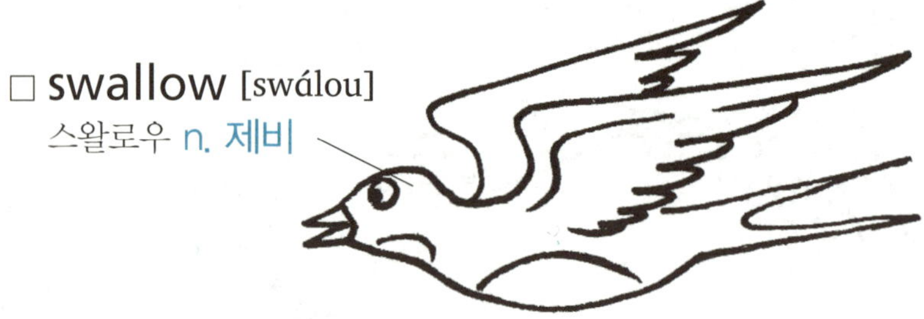

□ **sparrow**
[spǽrou] 스패로우
n. 참새

□ **pheasant** [fézənt]
페전트 n. 꿩

□ **skylark** [skáilà:rk]
스카이라크 n. 종(달새)다리

□ **crane** [krein] 크레인
n. 두루미, 학

□ **gull** [gʌl] 걸 n. 갈매기

□ migratory bird [máigrətɔ̀:ri bə:rd]
마이그러토리버드 n. 철새
□ ostrich [ástritʃ]
아스트리치 n. 타조
□ resident bird
[rézid-ənt bə:rd]
레지던트버드 n. 텃새
□ oriole [ɔ́:riòul]
오리오울 n. 꾀꼬리
□ wren [ren] 렌
n. 굴뚝새

④ 곤충(Insect)

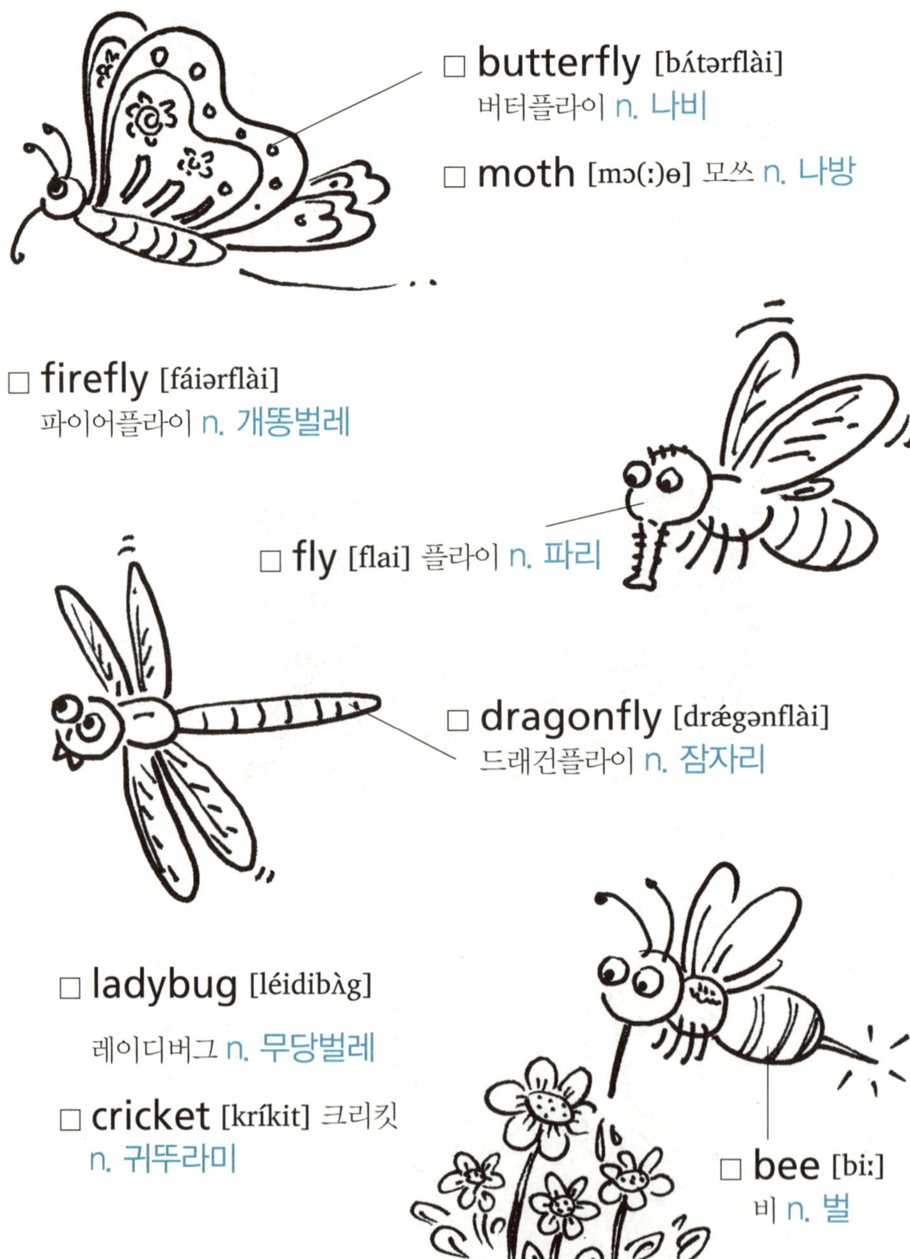

□ **butterfly** [bʌ́tərflài]
버터플라이 n. 나비

□ **moth** [mɔ(:)θ] 모쓰 n. 나방

□ **firefly** [fáiərflài]
파이어플라이 n. 개똥벌레

□ **fly** [flai] 플라이 n. 파리

□ **dragonfly** [drǽgənflài]
드래건플라이 n. 잠자리

□ **ladybug** [léidibʌ̀g]

레이디버그 n. 무당벌레

□ **cricket** [kríkit] 크리킷
n. 귀뚜라미

□ **bee** [bi:]
비 n. 벌

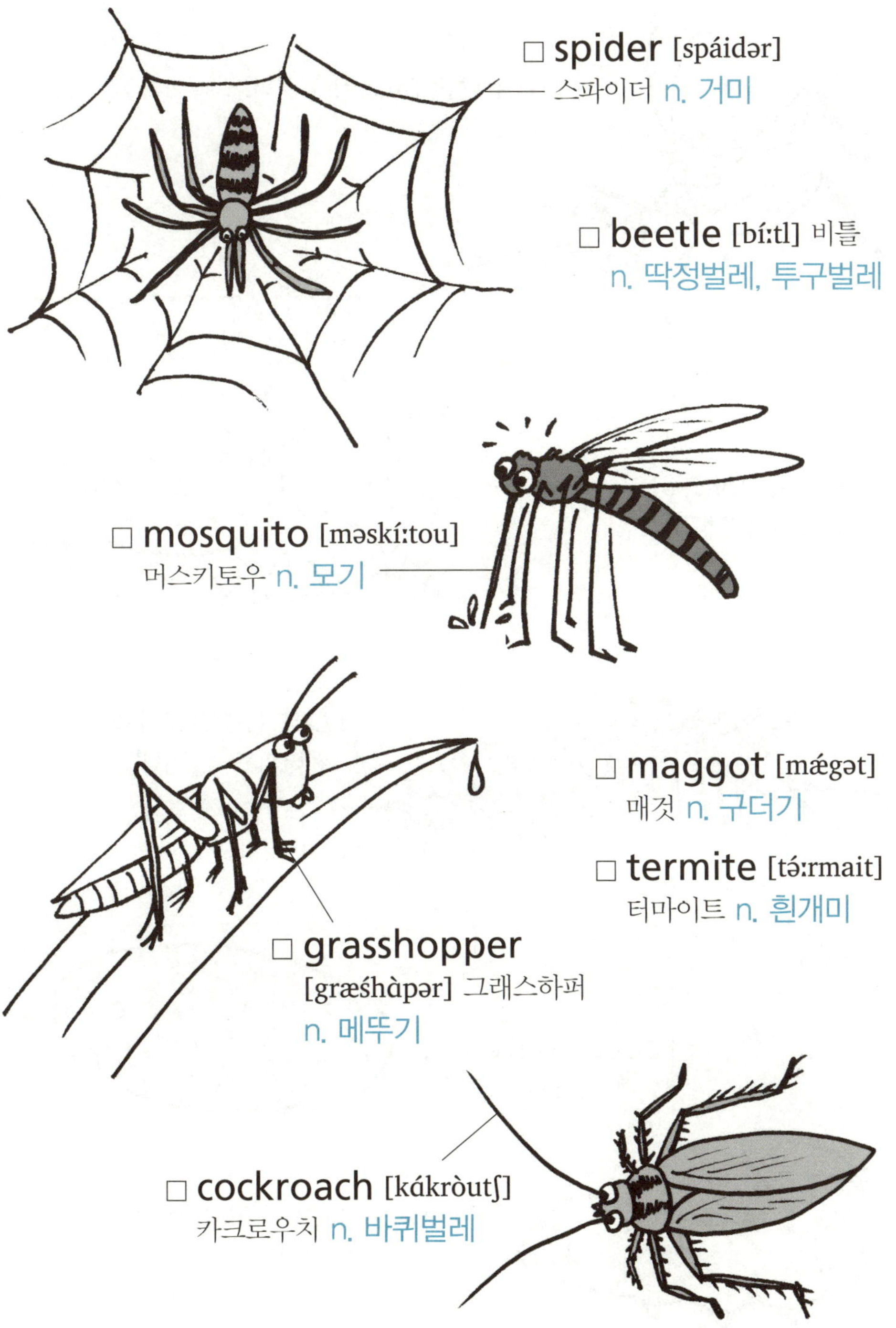

□ spider [spáidər]
스파이더 n. 거미
□ beetle [bíːtl] 비틀
n. 딱정벌레, 투구벌레
□ mosquito [məskíːtou]
머스키토우 n. 모기
□ maggot [mǽgət]
매것 n. 구더기
□ termite [tɔ́ːrmait]
터마이트 n. 흰개미
□ grasshopper
[grǽʃàpər] 그래스하퍼
n. 메뚜기
□ cockroach [kákròutʃ]
카크로우치 n. 바퀴벌레

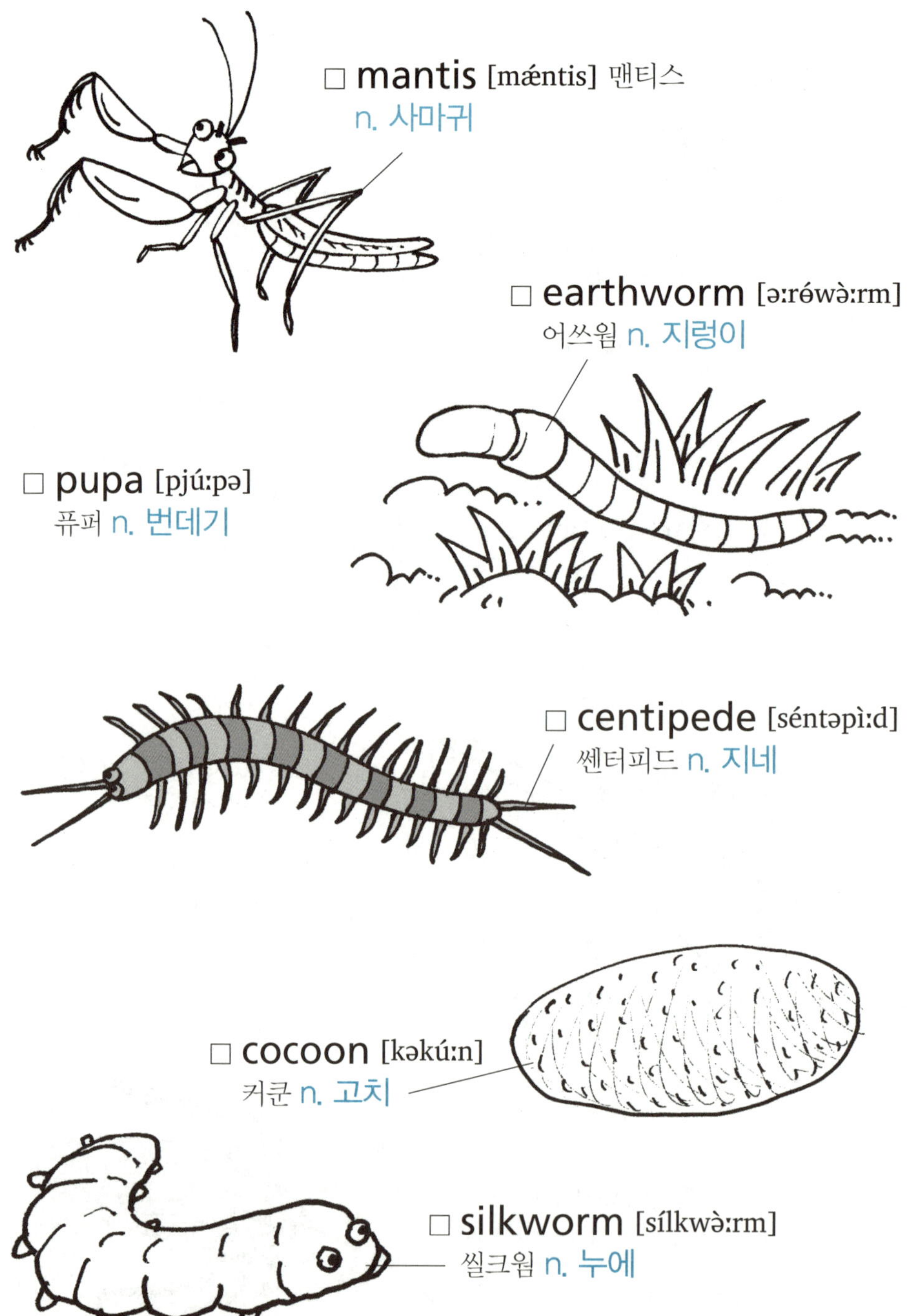

□ **mantis** [mǽntis] 맨티스
n. 사마귀

□ **earthworm** [ə́:rɵwə̀:rm]
어쓰웜 n. 지렁이

□ **pupa** [pjú:pə]
퓨퍼 n. 번데기

□ **centipede** [séntəpì:d]
쎈터피드 n. 지네

□ **cocoon** [kəkú:n]
커쿤 n. 고치

□ **silkworm** [sílkwə̀:rm]
씰크웜 n. 누에

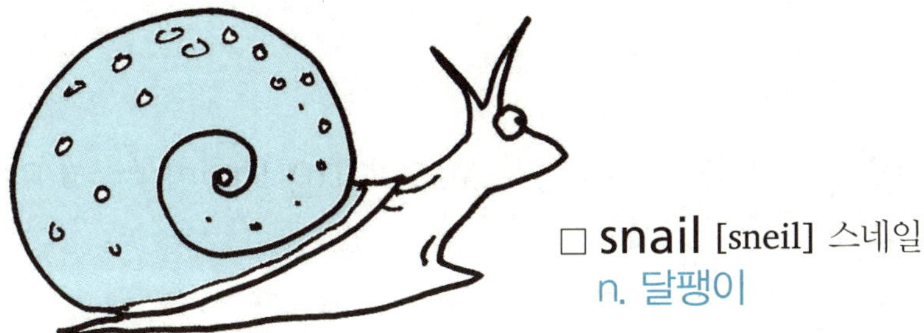

□ **snail** [sneil] 스네일
n. 달팽이

□ **caterpillar** [kǽtərpìlər] 캐터필러 n. 유충, 모충

□ **bedbug** [bédbʌ̀g] 베드버그 n. 빈대

□ **scorpion** [skɔ́ːrpiən]
스코피언 n. 전갈

□ **flea** [fliː] 플리 n. 벼룩

□ **ant** [ænt] 앤트 n. 개미

⑤ 계절(Season)과 날씨(Weather)

□ spring [spriŋ] 스프링 n. 봄

□ summer [sʌ́mər] 써머 n. 여름

□ autumn [ɔ́:təm] 오텀
n. 가을(미국 ; fall)

□ monsoon [mɔnsú:n]
몬순 n. 계절풍

□ winter [wíntə:r]

윈터 n. 겨울

□ **climate** [kláimit] 클라이밋 n. 기후

□ **temperature** [témp-ərətʃuə:r] 템퍼러춰 n. 온도, 기온

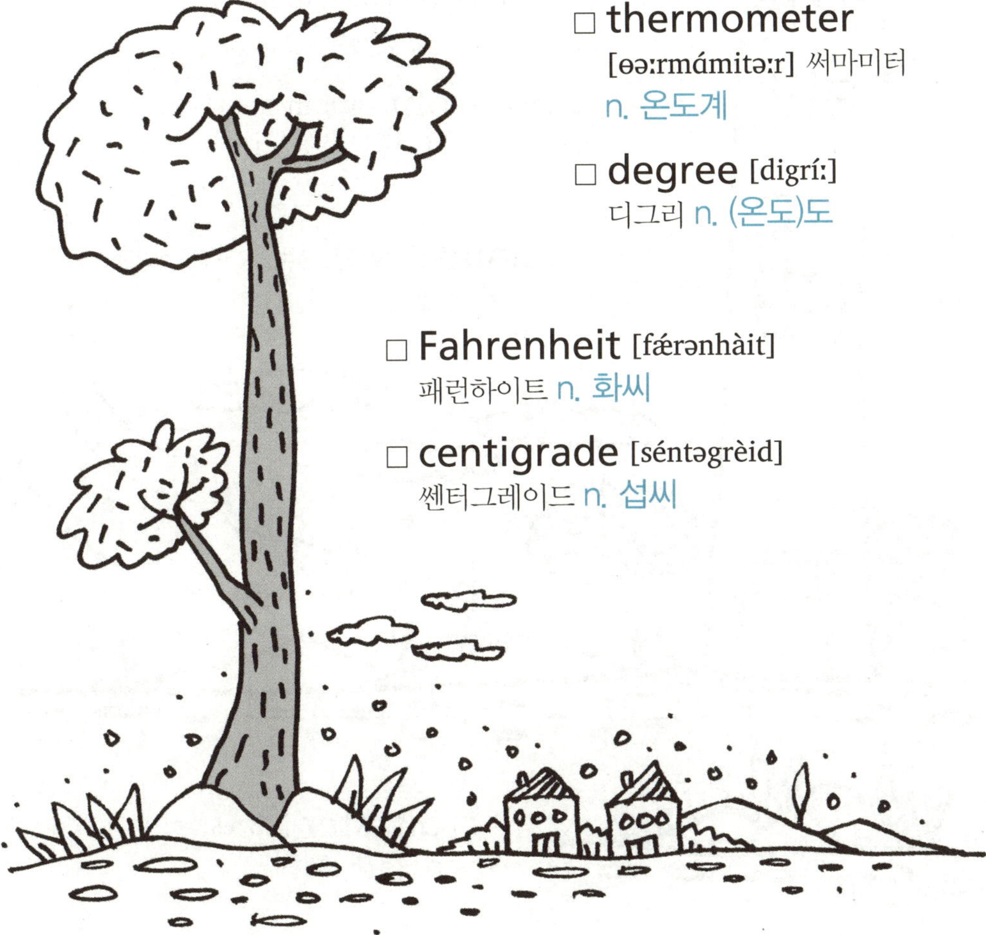

□ **thermometer**
[θə:rmámitə:r] 써마미터
n. 온도계

□ **degree** [digrí:]
디그리 n. (온도)도

□ **Fahrenheit** [fǽrənhàit]
패런하이트 n. 화씨

□ **centigrade** [séntəgrèid]
쎈터그레이드 n. 섭씨

□ **weather forecast** [wéðə:r fɔ́:rkǽst] 웨더포캐스트 n. 일기예보

□ **warning** [wɔ́:rniŋ] 워닝 n. 경고, 예고

□ **alert** [ələ́:rt] 얼러트 n. 경계, 경보

□ **wind speed** [wind spi:d] 윈드스피드 n. 풍속

□ **cold front** [kould frʌnt] 코울드프런트 n. 한랭전선

□ **warm front** [wɔ:rm frʌnt] 웜프런트 n. 온난전선

□ **cloud** [klaud] 클라우드 n. 구름

□ **disaster** [dizǽstər] 디재스터 n. 천재, 재해

□ **high-pressure** [haipréʃər] 하이프레셔 n. 고기압

□ **low-pressure** [lóupréʃər] 로우프레셔 n. 저기압

□ **fog** [fɔ(:)g] 포그 n. 안개

□ **hazy** [héizi] 헤이지
　a. 흐릿한, 안개낀

□ **gloomy** [glú:mi]
글루미 a. 음침한

□ **wind** [wind] 윈드 n. 바람

□ **gust** [gʌst] 거스트 n. 돌풍

□ **gale** [geil] 게일 n. 강풍

□ **rain** [rein] 레인 n. 비

□ **fickle** [fíkəl] 피컬
　a. 변덕스러운

□ **snow** [snou] 스노우 n. 눈

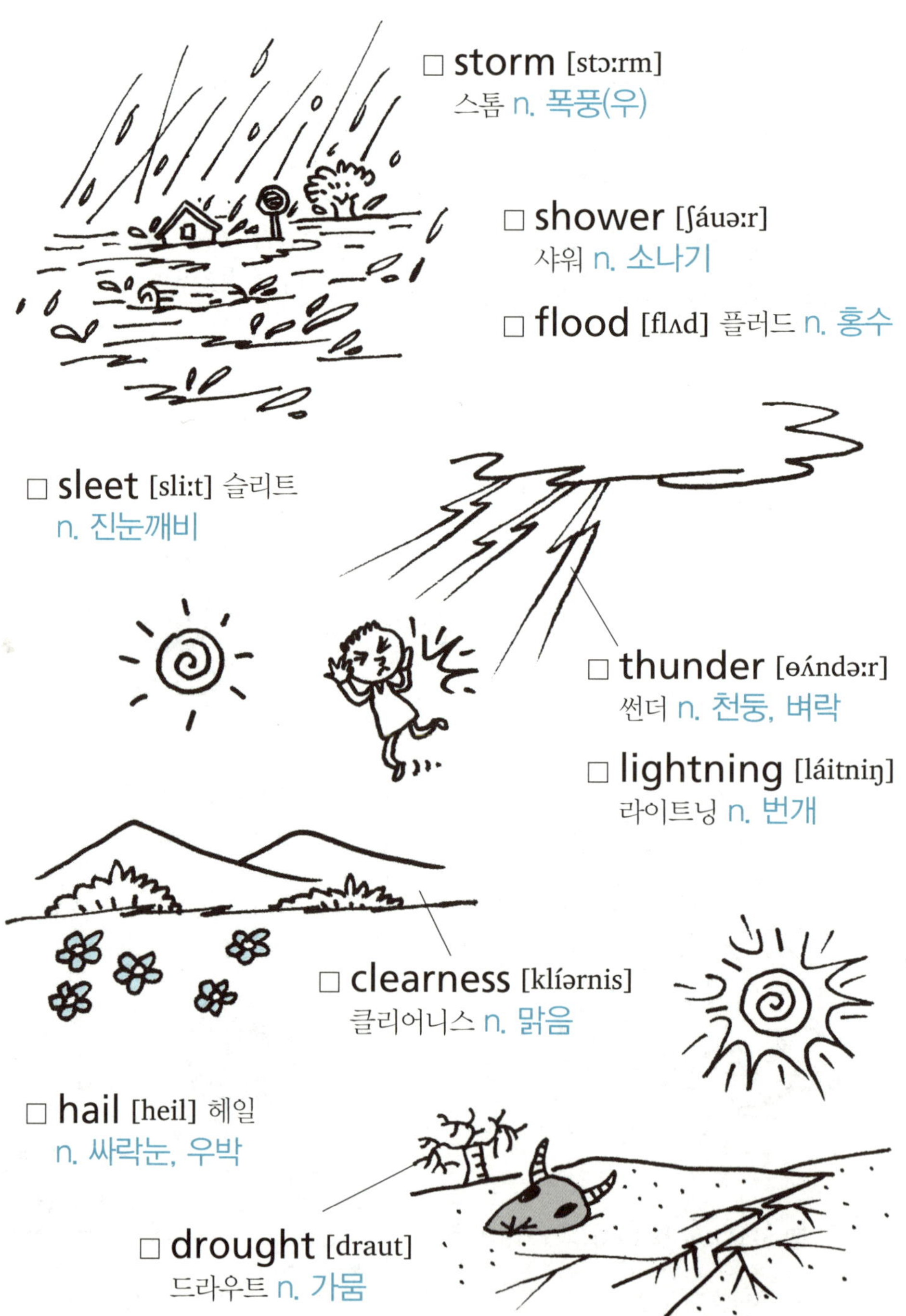

□ **storm** [stɔ:rm]
스톰 n. 폭풍(우)

□ **shower** [ʃáuə:r]
샤워 n. 소나기

□ **flood** [flʌd] 플러드 n. 홍수

□ **sleet** [sli:t] 슬리트
n. 진눈깨비

□ **thunder** [θʌ́ndə:r]
썬더 n. 천둥, 벼락

□ **lightning** [láitniŋ]
라이트닝 n. 번개

□ **clearness** [klíərnis]
클리어니스 n. 맑음

□ **hail** [heil] 헤일
n. 싸락눈, 우박

□ **drought** [draut]
드라우트 n. 가뭄

□ **mild** [maild] 마일드
a. 따뜻한, 화창한

□ **balmy** [bá:mi] 바미 a. 온화한

□ **muggy** [mʌ́gi] 머기
a. 무더운, 후덥지근한

□ **scorching** [skɔ́:rtʃiŋ]
스코칭 a. 매우 뜨거운

□ **chilly** [tʃíli] 칠리 a. 차가운, 쌀쌀한

□ **humid**
[hjú:mid] 휴미드
a. 습기있는, 눅눅한

□ **earthquake** [ə́:rɵkwèik]
어쓰퀘이크 n. 지진

□ **typhoon** [taifúːn]
타이푼 n. 태풍

□ **hurricane** [hə́ːrəkèin]
허러케인 n. 폭풍, 허리케인

□ **tornado** [tɔːrnéidou] 토네이도우
n. 토네이도, 회오리폭풍

□ **frost** [frɔːst] 프로스트 n. 서리

□ **heat** [hiːt]
히트 n. 더위

□ **downpour** [daunpɔ̀ːr]
다운포 n. 호우, 폭우

□ **freeze** [fri:z] 프리즈 n. 결빙(기)

□ **snowstorm** [snoústɔ̀:rm] 스노우스톰 n. 눈보라

□ **blizzard** [blízərd] 블리저드 n. 강한 눈보라

□ **drizzle** [drízl] 드리즐 n. 이슬비, 가랑비

PART 4.

밤
(Night)

음식점(Restaurant)

□ **reservation** [rèzə:rvéiʃ-ən] 레저베이션 n. 예약

□ **recommend** [rèkəménd] 레커멘드 vt. (요리를)추천하다

□ **diner** [dáinər] 다이너 n. 간이식당

□ **fast-food restaurant**
[fǽstfú:d rést-ərɔ̀:ŋ] 패스트푸드레스터롱
n. 간이식품 레스토랑

□ **deluxe restaurant**
[dəlúks rést-ərɔ̀:ŋ] 더룩스레스터롱
n. 호화 음식점

□ **sidewalk cafe** [sáidwɔ̀:k kæféi]
싸이드워크캐페이 n. 노상다방(간단한 식사가능)

□ **coffee shop** [káfi ʃɑp] 카피샵 n. 다방, 다실

□ **cafeteria**
[kæ̀fitíəriə] 캐피티어리어
n. 셀프서비스 식당

□ **waitress** [wéitris]
웨이트리스 n. 웨이트리스, 여급

□ **waiter** [wéitər]
웨이터 n. 사환, 웨이터

□ **menu** [ménjuː] 메뉴 n. 메뉴, 식단

□ **order** [ɔ́ːrdər] 오더 n. 주문

□ **side order** [said ɔ́ːrdər] 싸이드오더 n. 추가주문

□ **tavern** [tǽvəːrn] 태번 n. 선술집

□ **pub** [pʌb] 퍼브 n. 목로주점, 대폿집

□ **bar** [bɑːr] 바 n. 바, 술집

□ **gravy** [gréivi]
그레이비 n. 고기국물

□ **appetizer**
[ǽpitàizər]
애피타이저 n. 전채

□ **soup** [suːp] 수프 n. 스프

□ **salad** [sǽləd] 쎌러드
n. 샐러드, 생채요리

□ **pasta** [pάːstə] 파스터
n. 파스타(이탈리아 요리)

□ **beefsteak**
[bíːfstèik] 비프스테이크
n. 비프스테이크

□ **rare** [rɛəːr] 레어 a. 덜 구워진

□ **medium** [míːdiəm] 미디엄 a. 중간정도로 구워진

□ **well-done** [wéldʌn] 웰던 a. 잘 익은

□ **horseradish sauce** [hɔːrsrǽdiʃ sɔːs]
호스래디시소스 n. 양고추냉이 소스

□ **nutrition** [njuːtríʃ-ən]
뉴트리션 n. 영양, 자양물

□ **vegetarian** [vèdʒətɛ́əriən]
베져테어리언 n. 채식(주의)자

□ **taste** [teist] 테이스트 n. 맛, 미각

□ **delicious** [dilíʃəs] 딜리셔스 a. 맛있는

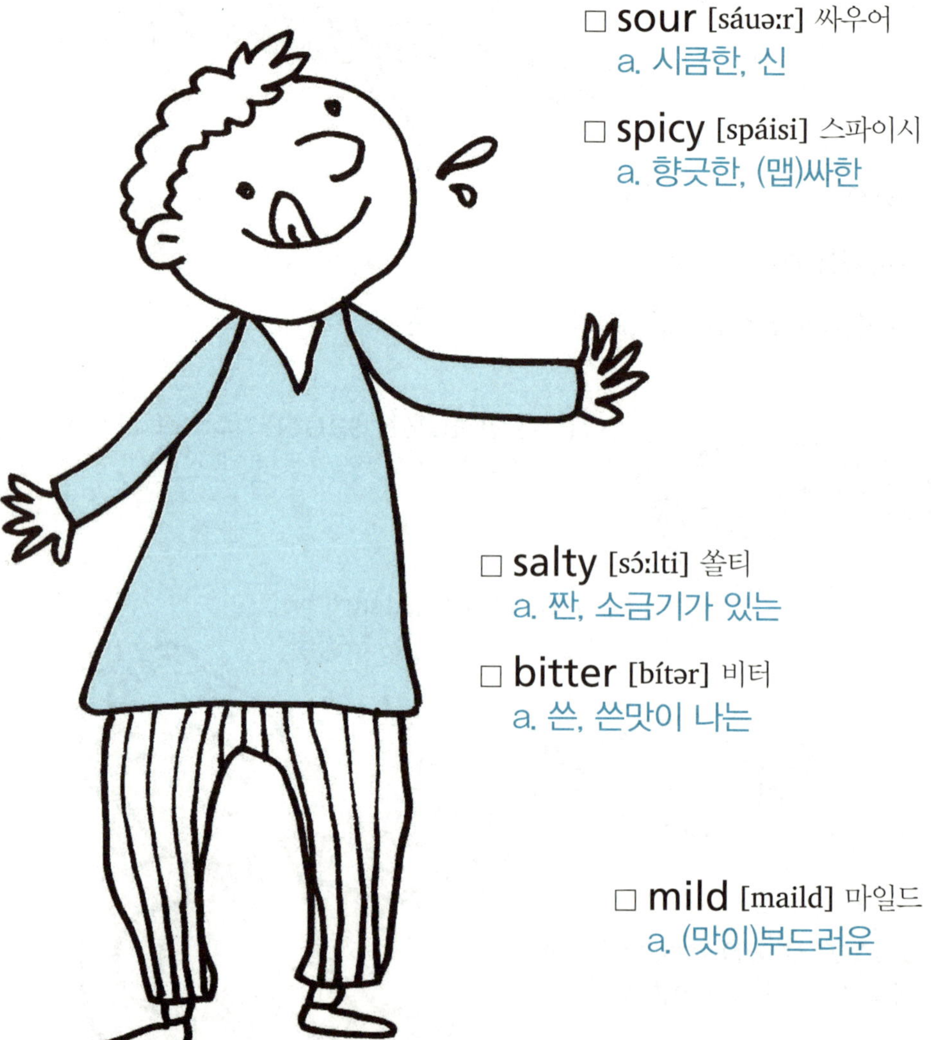

□ **sour** [sáuə:r] 싸우어
a. 시큼한, 신

□ **spicy** [spáisi] 스파이시
a. 향긋한, (맵)싸한

□ **salty** [sɔ́:lti] 쏠티
a. 짠, 소금기가 있는

□ **bitter** [bítər] 비터
a. 쓴, 쓴맛이 나는

□ **mild** [maild] 마일드
a. (맛이)부드러운

□ curry and rice [kə́:ri ənd rais]
커리언드라이스 n. 카레라이스
□ main course [mein kɔ:rs]
메인코스 n. 주요요리
□ pay [pei] 페이 n. 지불
□ bill [bil] 빌 n. 계산서
□ seconds
[sék-əndz] 쎄컨즈
n. 두 번째의 음식
□ tip [tip] 팁
n. 팁, 사례
□ refill [rí:fil] 리필
n. (음식물의)두그릇째
□ dessert [dizə́:rt]
디저트 n. 후식, 디저트

술(Drink)

□ **bartender** [báːrtèndər]
바텐더 n. 술집 지배인, 바텐더

□ **toast**
[toust] 토우스트
n. 축배, 건배

□ **sober**
[sóubəːr] 쏘우버
a. 술취하지 않은

□ **dizzy** [dízi] 디지
a. 현기증나는, 핑핑도는

□ **shot glass**
[ʃɑt glæs] 샷글래스
n. (양주용의)작은 잔

□ **liquor** [líkər]
리커 n. 독한 증류주

□ **brandy** [brǽndi]
브랜디 n. 브랜디

□ **tipsy** [típsi] 팁시
a. 술취한, 비틀거리는

□ **rum** [rʌm] 럼 n. 럼주

□ **vodka** [vádkə] 바드커 n. 보드카(러시아산 화주)

□ **wine** [wain] 와인 n. 포도주

□ **red wine** [red wain]
레드와인 n. 적포도주

□ **white wine** [hwait wain]
화이트와인 n. 백포도주

□ **beer** [biər] 비어 n. 맥주

□ **draft beer** [dræft biər]
드래프트비어 n. 생맥주

□ **pitcher** [pítʃər] 피쳐 n. 물주전자

□ **decanter** [dikǽntər] 디캔터 n. 식탁용의 마개있는 유리병

□ **regular customer** [régjələːr kʌ́stəmər]
레결러커스터머 n. 단골손님

□ **smorgasbord** [smɔ́ːrgəsbɔ̀ːrd]
스모거스보드 n. (스칸디나비아식의)전채

□ **soda** [sóudə] 쏘우더 n. 소다수

□ **cocktail** [kɑ́ktèil] 칵테일 n. 칵테일

□ **party** [pɑ́ːrti]
파티 n. 일행

□ **pretzel** [prétsəl] 프렛셀 n. 일종의 비스킷, 맥주 안주

□ **toothpick** [túːθpìk] 투쓰픽 n. 이쑤시개

□ **drinker** [dríŋkər] 드링커 n. 술꾼

□ **hangover** [hǽŋòuvər] 행오우버 n. 숙취

□ **gín and tonic**
[ʤín ənd tánik]
진언드타닉 n. 진토닉

□ **champagne**
[ʃæmpéin] 샴페인
n. 샴페인

호텔(Hotel)

□ **luxurious hotel** [lʌgʒúəriəs houtél]
럭주어리어스호우텔 n. 호화호텔

□ **temperance hotel** [témp-ərəns houtél]
템퍼런스호우텔 n. (술을 내지않는)금주호텔

□ **motel** [moutél] 모우텔 n. 모텔 (자동차 여행자숙박소)

□ **inn** [in] 인 n. 여인숙, 구식여관

□ **front hall** [frʌnt hɔːl]
프런트홀 n. 프런트 (홀)

□ **lobby** [lábi] 라비 n. 로비

□ **luggage** [lʌ́gidʒ] 러기지
n. 수화물, 소형여행가방

□ receptionist [risépʃənist] 리셉셔니스트 n. 접수계원

□ cashier [kæʃíər] 캐시어 n. 출납원

□ bellboy [bélbɔ̀i] 벨보이 n. 사환

□ wake-up call [wéikʌ̀p kɔːl] 웨이컵콜 n. 모닝콜

□ sauna [sáunə] 싸우너 n. 사우나(증기탕)

□ corridor [kɔ́ːridər] 코리더 n. 복도

□ cloakroom [klóukrù(:)m] 클로우크룸 n. 휴대품 보관소

□ single room [síŋg-əl rum] 씽걸룸 n. 1인실

□ twin room [twin rum] 트윈룸 n. 2인실(twin bed가 있는 방)

□ double room [dʌ́bəl rum] 더벌룸 n. double bed가 있는 방

□ suite room [swiːt rum] 스위트룸 n. 붙은방(호텔의 침실외에 거실, 응접실이 붙어있는방)

□ checkin [tʃekìn] 체킨 n. 숙박 절차

□ checkout [tʃekàut] 체카우트 n. 퇴숙 절차

□ vacancy [véikənsi] 베이컨시 n. 빈방

□ chambermaid [tʃéimbərmèid] 체임버메이드 n. 객실 담당 메이드

chapter 4

집(House)

- **rooftop** [rúːftὰp] 루프탑 n. 지붕(옥상)

- **attic** [ǽtik] 애틱
  n. 고미다락(방)

- **front door** [frʌnt dɔːr]
  프런트도 n. 정면 현관입구

- **window** [wíndou]
  윈도우 n. 창(문)

- **lawn** [lɔːn]
  론 n. 잔디(밭)

- **fence** [fens]
  펜스 n. 울타리

- **yard** [jɑːrd] 야드 n. 안마당

- **garden** [gáːrdn] 가든 n. 뜰, 정원

□ **wall** [wɔ:l] 월 n. 벽, 담

□ **brick** [brik] 브릭 n. 벽돌

□ **glass door**
[glæs dɔ:r] 글래스도
n. 유리문

□ **mailbox** [méilbàks]
메일박스 n. 우체통

□ **basement** [béismənt] 베이스먼트 n. 지하실

□ **garage** [gərá:ʒ] 거라지 n. 차고

□ **stair** [stɛə:r] 스테어 n. 계단

□ **screw staircase** [skru:stéərkèis]
스크루스테어케이스 n. 나선식 계단

□ **winding staircase**
[wáindiŋ stéərkèis] 와인딩스테어케이스
n. 회전식 계단

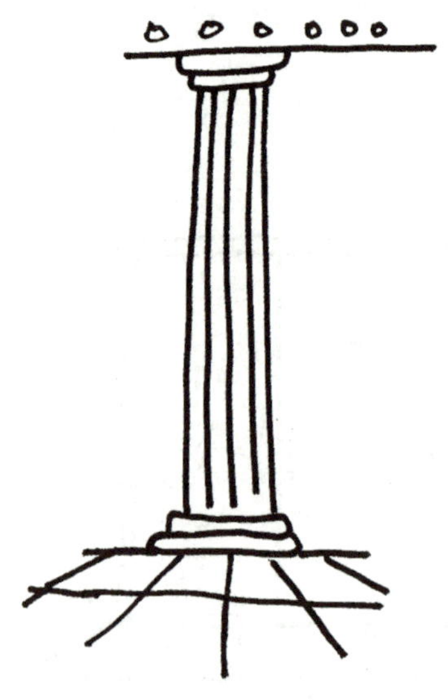

□ **pillar** [pílər] 필러 n. 기둥

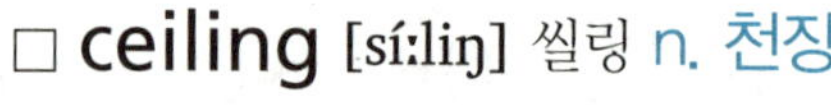

□ **ceiling** [síːliŋ] 씰링 n. 천장

□ **floor** [flɔːr] 플로 n. 마루

□ **doorbell**
[dɔ́ːrbèl] 도벨
n. 현관의 벨

□ **fireplace** [[faiərplèis]
파이어플레이스 n. 난로

□ **smoke detector**
[smouk ditéktər]
스모우크디텍터 n. 연기 탐지기

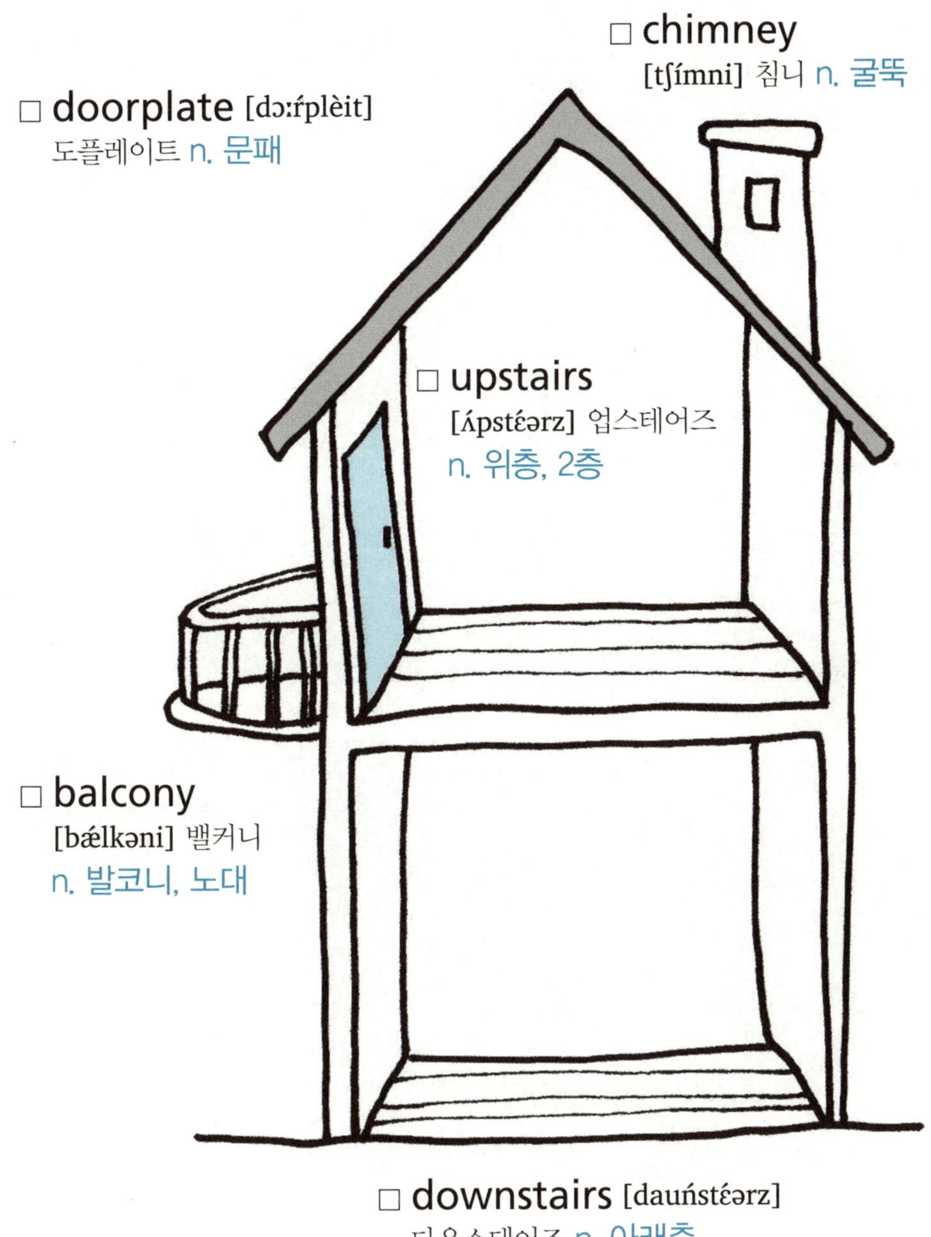

□ chimney
[tʃímni] 침니 n. 굴뚝
□ doorplate [dɔːrplèit]
도플레이트 n. 문패
□ upstairs
[ʌ́pstɛ́ərz] 업스테어즈
n. 위층, 2층
□ balcony
[bǽlkəni] 밸커니
n. 발코니, 노대
□ downstairs [dauństɛ́ərz]
다운스테어즈 n. 아래층

MEMO

MEMO

MEMO